Ulrich Encke

Ayatollah Khomeini

Leben, Revolution und Erbe

Originalausgabe

Wilhelm Heyne Verlag
München

HEYNE REPORT
Nr. 10/70

Redaktion: Bernhard Michalowski

Copyright © 1989 by Autor
und Wilhelm Heyne Verlag GmbH & Co. KG, München
Printed in Germany 1989
Umschlagfoto: dpa, München
Umschlaggestaltung: Atelier Ingrid Schütz, München
Herstellung: Dieter Lidl
Satz: Satz & Repro Grieb, München
Druck und Verarbeitung: Ebner Ulm

ISBN 3-453-03723-5

Inhalt

Die Revolution des Ayatollah

Am 4. Juni 1989 unterbrach der Teheraner Staatsrundfunk um 7 Uhr früh sein laufendes Programm, um eine Erklärung von Ahmed Khomeini, dem Sohn des iranischen Revolutionsführers, zu verlesen:

»Der erhabene geistliche Führer der Moslems und aller freien Menschen, Seine Exzellenz Imam Khomeini, ist gen Himmel gefahren. Sein Herz, voller Liebe zu Gott und zu den Unterdrückten dieser Welt, hörte auf zu schlagen.«

Revolutionsführer Ayatollah Khomeini war tot. Millionen Menschen strömten auf die Straßen Teherans, um Abschied zu nehmen von ihrem religiösen und politischen Idol. Während hinter den politischen Kulissen das Tauziehen um die Nachfolge des Imam begann, versuchte man in den Nachbarländern, vor allem aber auch in Washington und Moskau, zu analysieren, wie es in der schon seit Jahren krisengeschüttelten Region nun weitergeht.

Schon einmal, in den Abendstunden des 11. Februar 1979, hatte der Staatsrundfunk sein Programm unterbrochen, um den Gläubigen in Stadt und Land den Sieg der Revolution zu verkünden:

»Hier ist Radio Teheran, die wahre Stimme des Volkes, die Stimme der Revolution. Heldenhaftes und muslimisches Volk des Iran: Hißt die Banner des Stolzes und der Ehre. Mit der höchsten Stimme der Einheit verkündet deine revolutionäre Gewalt den Völkern der Erde das Ende der Tyrannei des Schah-Regimes. Du freies und muslimisches Volk, du hast mit deinem revolutionären Zorn dem morschen Kaisertum des Verbrechens und des Verrats ein Ende bereitet.«

Das war die Stunde des revolutionären Sieges, der Pfauenthron war endgültig zusammengebrochen. Ayatollah Khomeini, erst zwei Wochen zuvor nach jahrelangem Exil in seine Heimat zurückgekehrt, übernahm als erfolgreicher Revolutionsführer die Macht.

Zehn Jahre liegen zwischen diesen beiden Sondermeldungen des Teheraner Rundfunks – zehn Jahre, die den Iran in ein anderes Land verwandelt haben. Jahre, in denen sich die politische Lage der Golfregion gleich mehrmals gründlich verändert hat. Jahre, in denen der Iran die Welt fast ständig in Atem hielt. Immer war Khomeini der Motor aller Veränderung – Khomeini, ein islamischer Geistlicher mit Sendungsbewußtsein. Ein Ayatollah, der sich selbst als Verkünder eines politischen Islam verstand, in dem es keine Trennung zwischen Religion und Politik gibt. Der Koran, die Heilige Schrift des Islam, war für ihn und seine Politik die alleinige Richtschnur. Die Ausführung der darin enthaltenen göttlichen Gesetze bedeutete ihm religiöse Pflicht. Die Errichtung eines Gottesstaates auf Erden war sein Ziel, der erfolgreiche Export seines Revolutionsmodells in die gesamte islamische Welt sein großer Traum.

In den zehn Jahren ist die von Khomeini gegründete Islamische Republik nicht zur Ruhe gekommen. Dennoch gelang es dem Ayatollah, bis zu seinem Tod unumstrittener Revolutionsführer zu bleiben: Als Gottes Stellvertreter auf Erden verehrt von seinen Anhängern, wegen seiner Gnadenlosigkeit gefürchtet von seinen politischen Gegnern. Ayatollah Khomeini war ein Mann, der das Unmögliche möglich gemacht hat, sagen die Iraner. Nicht nur, weil er den Pfauenthron zum Einsturz brachte, sondern weil er danach zehn Jahre lang alle Wirren politisch überlebte: Die blutigen nachrevolutionären Machtkämpfe ebenso wie die Geiselnahme in der amerikanischen Botschaft von Teheran, mit der er die Großmacht Amerika demütigte, oder den achtjährigen Krieg mit dem benachbarten Irak, an dessen Ende es weder Sieger noch Besiegte gab, sondern nur einen fragwürdigen Waffenstillstand. Mit seiner internationalen Mordkampagne gegen den Autor der *Satanischen Verse* Salman Rushdie sorgte der Imam kurz vor seinem Ende noch einmal weltweit für Erregung und Empörung. Ayatollah Khomeini wird die Weltpolitik auch über seinen Tod hinaus beschäftigen. Denn die Zukunft des Iran ist ungewiß, erbitterte Machtkämpfe um die Nachfolge des Revolutionsführers stehen bevor. Auseinandersetzungen, die nicht nur den Iran, sondern die gesamte Region erneut erschüttern werden.

Das Bild, das in der übrigen Welt von der Islamischen Republik Iran entstand, entspricht nicht gerade den Vorstellungen

Ayatollah Ruhollah Khomeini:
Zehn Jahre bestimmte er den Kurs der Islamischen
Republik Iran.

von einem Gottesstaat. Die Revolution des Ayatollah, die mit Hilfe des iranischen Volkes die Schah-Diktatur zerschlug, mündete in die nächste Diktatur. Obwohl Millionen Gläubige ihrem höchsten religiösen Führer das letzte Geleit gaben, hatte Khomeini bei seinem Tod die politische Unterstützung der Mehrheit seines Volkes bereits verloren. Denn seine revolutionären Versprechungen waren nicht erfüllt worden. Statt dessen hatten die Mullahs und Ayatollahs ihr islamisches Weltbild durchgesetzt, wenn nötig, sogar mit brutaler Gewalt. So entstand das Bild einer blutrünstigen Theokratie, der gegenüber in der Rückschau die bittere Diktatur des Schahs fast schon wie eine aufgeklärte Herrschaft wirkt. Doch nicht alles, was in martialischen Parolen seinen Niederschlag gefunden hat, entspricht der gesellschaftlichen Wirklichkeit im Iran. Der Islam ist keine blutrünstige Religion, und die Iraner sind in ihrer großen Mehrheit alles andere als fanatisiert, gewalttätig und unberechenbar. Das Bild, das man sich vor allem im Westen von der Republik zwischen dem Kaspischen Meer und dem Persischen Golf macht, ist trotz aller Geschehnisse ein Zerrbild. Wer den Iran heute besucht, riskiert nicht sein Leben, sondern trifft auf kultivierte und ausgesprochen gastfreundliche Menschen, die unter dem von den Mullahs provozierten Image leiden. Wer sich mit der Geschichte der iranischen Revolution befaßt, wer die zwar spektakulären, aber immer von den gleichen Gesetzmäßigkeiten bestimmten Ereignisse analysiert, sieht, daß die Politik des Ayatollah keinesfalls unberechenbar war, sondern politisch durchaus kalkulierbar. Wer heute in den Iran fährt, ist überrascht, weil die Bilder im Kopf nicht mit der dortigen Realität übereinstimmen. Zum Beispiel ist Teheran, die Hauptstadt der neuen Islamischen Republik, heute eine völlig normale Großstadt der Dritten Welt. Nichts Außergewöhnliches gibt es dort zu entdecken, zumindest nicht auf den ersten Blick.

Der Straßenverkehr in der Metropole ist chaotisch wie eh und je, nichts für schwache Nerven. Ansonsten aber geht alles seinen geordneten islamischen Gang. Nichts mehr ist zu spüren von der revolutionären Unrast früherer Tage, nichts mehr von nachrevolutionärer Nervosität. Im Straßenbild deutet auch nichts darauf hin, daß Teheran die Hauptstadt eines Landes ist, das acht bittere Kriegsjahre hinter sich gebracht hat und nun unter den Bedingungen eines wackeligen Waffenstillstands zwischen Krieg und Frieden lebt. Trotz aller politischen Wirren, die der Iran durchlebt hat und noch immer durchlebt, konnte sich die islamische Revolution etablieren. Die Revolutionsgardisten, deren Markenzeichen einst Turnschuhe, abgewetzte Jeans und ein wilder Bart waren, stecken heute in sauberen Uniformen. Sie sind keine zügellose Revolutionstruppe mehr, die nach eigenem Gutdünken schalten und walten kann, sondern eine geordnete Polizeimacht, die straff von oben geführt wird. Gleiches gilt für die Mitglieder der Revolutionskomitees.

Nur hier und da hängen noch einige verwaschene Spruchbänder herum, deren kaum entzifferbare Parolen zum Kampf gegen den »Satan Amerika« und zum Sieg des Islam aufrufen. Verschwunden sind die zahllosen revolutionären Appelle, die in den ersten Jahren nach dem Umsturz fast jede Hauswand bedeckten. Nichts mehr zu sehen ist auch von den Wandmalereien, die den »Krieg bis zum Sieg« forderten. Die bildlichen Darstellungen der Revolution an den Mauern der einst besetzten amerikanischen Botschaft sind überpinselt worden. Wo einst die Volksseele kochte, wo Millionen von Iranern aus Empörung über die USA demonstrierend vorbeizogen, wogt heute brausender Verkehr, als wäre hier niemals etwas geschehen. Die amerikanische Flagge, die im Eingang der Iranischen Nationalbank von Teheran auf den Fußboden gemalt worden war und über die jeder gehen mußte, der das Geldinstitut betrat, ist ebenfalls völlig verblaßt.

Auf den Bürgersteigen herrscht drangvolle Enge. In Teheran, das Ende der siebziger Jahre sieben Millionen Einwohner hatte, leben heute rund elf Millionen Menschen. Vor den Geschäften, die Waren des täglichen Bedarfs anbieten, sieht man lange Warteschlangen. Die nachrevolutionären Wirren und eine achtjährige Kriegswirtschaft haben dem Land neben anderem eine schwere Versorgungskrise beschert. Geduldig warten die in den islamischen Schleier, den Tschador, gehüllten Frauen darauf, daß sie für ihre Bezugsmarken Lebensmittel kaufen können. Alltagsleben wie überall in der Dritten

Welt, von Krieg und Revolution keine Spur. Selbst in den Portalen der öffentlichen Gebäude und in den Empfangshallen der großen Hotels ist das ehemals revolutionäre Durcheinander einer gepflegten Ordnung gewichen. Nirgends mehr Umsturzparolen, sondern nur noch die Portraits der obersten Repräsentanten des neuen Staates: Ayatollah Khomeini, der auch über seinen Tod hinaus bewundert und verehrt wird, sowie der zu seinem Nachfolger gewählte und damit zum Ayatollah aufgestiegene frühere Staatspräsident Khameini und Parlamentspräsident Rafsandjani. Drei streng dreinblickende Herren mit Turban und dem weiten Umhang der islamischen Geistlichen - seit zehn Jahren Führer eines Gottesstaates auf Erden, der Islamischen Republik Iran.

Die Politik des Schahs – Anspruch und Wirklichkeit

Das amerikanische Präsidentenpaar war zu einem Kurzbesuch nach Teheran gekommen. Der Besuch sollte die letzte demonstrative Unterstützung der Amerikaner für den angeschlagenen Kaiser auf dem Pfauenthron sein. In der Silvesternacht 1978 stießen Jimmy Carter und der Schah mit Champagner auf ein neues, erfolgreiches und vor allem gemeinsames Jahr an. Hätten sie dabei die schweren Vorhänge des kaiserlichen Palastes hoch im Norden Teherans zurückgezogen, hätten sie in der ganzen Stadt Straßenbarrikaden brennen sehen – nicht nur im Süden der Metropole, wo die Ärmsten der Armen leben, sondern auch dort, wo der Mittelstand zu Hause ist. Und hätten Carter und der Schah gar die Fenster geöffnet, hätten sie jene Sprechchöre durch die Stadt schallen hören, die in den nächsten zwölf Monaten den Rhythmus der Revolution bestimmen sollten: »Allah hu Akbar« – »Allah ist groß«. Dieser Ruf stand zwar nicht von Anfang an für einen geplanten Umsturz, er drückte aber den Wunsch des Volkes nach einem radikalen Wandel aus: Nach Beendigung der korrupten Schah-Diktatur, nach Freiheit, Demokratie und Rechtsstaatlichkeit, nach Überwindung der kulturellen Fremdherrschaft und der Schaffung einer eigenen, islamischen Identität.

Nicht an allen Mißständen war der Schah persönlich schuld,

aber er war verantwortlich für das, was den Iranern aller gesellschaftlichen Schichten das Leben im Lande unerträglich machte: für die brutale Gewalt gegen jede Art von Opposition; er stand für die Verfolgungen und die tödliche Folter durch den von den Amerikanern aufgebauten Geheimdienst SAVAK; für eine Mißwirtschaft, über die inzwischen auch jene klagten, die erst durch den Schah zu Ansehen und Reichtum gekommen waren; für den als nationalen Ausverkauf empfundenen Ölexport, der sich nicht an den Notwendigkeiten des Iran, sondern an den Bedürfnissen der westlichen Industrieländer ausrichtete; für Korruption und Spekulation, die die Reichen immer noch reicher und die Armen noch ärmer machte. Doch bei der Silvesterfeier im Niawaran-Palast blieben die Fenster geschlossen und die Vorhänge zugezogen. Reza Pahlawi und sein amerikanischer Gast nahmen die Vorboten einer Revolution nicht zur Kenntnis, an deren Ende sie beide als Verlierer dastehen sollten: Der Schah verlor den Pfauenthron und wurde ins Exil gejagt, die Amerikaner gingen in der geostrategisch so bedeutsamen Region am Persischen Golf ihres wichtigsten Verbündeten verlustig.

Nach westlicher Leseart muß es sich bei den Iranern um ein sehr rückständiges Volk gehandelt haben. Denn der Schah – so damals die allgemeine Einschätzung – habe sein Volk überfordert. Er, der aufgeklärte Monarch, habe das Land zu schnell vom Mittelalter in eine hochindustrialisierte Zukunft bringen wollen. Ein modernes Staatswesen sei aber mit den rückständigen Vorschriften des Koran nicht zu vereinbaren; das Land wäre einfach noch nicht reif gewesen fürs 20. Jahrhundert. Der Bruch zwischen islamischer Tradition und einer auch das kulturelle Leben verändernden hochmodernen Technologie habe dem Schah den Pfauenthron gekostet. Diese Einschätzung, die der Revolution im Iran nicht einmal annähernd gerecht wird, war falsch und ist es auch heute noch. Doch im Westen hält sich das Vorurteil gegen den Gottesstaat des Ayatollah Khomeini auch über seinen Tod hinaus hartnäckig. Im Iran war vielmehr ein Monarch gestürzt und ins Exil gejagt worden, dessen prunkvolles höfisches Zeremoniell im Westen allzu oft mit der sozialen Wirklichkeit des Landes verwechselt worden war.

Fehlentwicklungen nach der Revolution haben die Islamische Republik zu Recht einer harten internationalen Kritik ausgesetzt. Sie haben auch dazu geführt, daß die Revolutionsbewegung ihre Massenbasis im Volk verlor, über die sie Ende der siebziger Jahre zweifelsfrei verfügte. Der Iran ist heute eine harte, theokratische Diktatur, die mit den ursprünglichen Zielen der Revolution nicht mehr in Einklang zu bringen ist. Der Ausgangspunkt der Revolution aber, der Ursprung der Umwälzungen im Iran war ein anderer, ein politischer und sozialer. Einen wichtigen Grundstein für den Umbruch hatte die »weiße Revolution« gelegt, die der Schah 1963 nicht zuletzt unter dem Druck der Amerikaner durchführte.

Es war ein umfangreiches wirtschafts- und sozialpolitisches Entwicklungsprogramm, mit dem der Iran zum Sprung in das moderne Industriezeitalter ansetzen sollte. Die Reform des Ehe- und Familienrechts war im Rahmen dieser »weißen Revolution« die einzige Maßnahme, die auch nach westlichen Bewertungskriterien positiv eingeschätzt werden konnte: Als Kernpunkte enthielt sie die Einführung eines für Mann und Frau gleichermaßen gültigen Scheidungsrechtes sowie das aktive und passive Wahlrecht für Frauen. Unter Berufung auf den Koran haben die Mullahs diese Gleichstellung der Frau im Scheidungsrecht nach der Revolution sofort wieder rückgängig gemacht. Die Bildungskampagne, mit der Reza Pahlawi das Analphabetentum bekämpfen wollte, blieb in den ersten Ansätzen stecken. Rund 70 Prozent der Iraner können auch heute noch nicht lesen und schreiben – eine Zahl, die angesichts der Tatsache bemerkenswert ist, daß jetzt ausgerechnet ein Buch zum Motor der Revolution geworden ist: Die Anhänger Khomeinis, die nach dessen Mordbefehl gegen den britisch-indischen Autor Salman Rushdie in Teheran auf einer Demonstration die »Satanischen Verse« verdammten, waren überwiegend Analphabeten. Während der Schahzeit wurden Soldaten als sogenannte Armee des Wissens in die Dörfer geschickt. Doch sie lehrten den Landbewohnern nur kurze Zeit Lesen und Schreiben. Als sie nämlich kamen und nicht nur die Männer unterrichteten, sondern auch die Frauen aus dem Haus holen und auf die Schulbank setzen wollten, brachen sie damit tradierte Familien- und Sozialstrukturen auf. Die Landbevölkerung wehrte sich, woraufhin die Soldaten sich der Aufgabe widmeten, die sie besser gelernt hatten: politisch zu kontrollieren und zu unterdrücken. Gewaltsam versuchten sie auch jene entlegenen Dörfer, die dem Schah vorher indifferent gegenüberstanden, auf den gewünschten politischen Kurs zu bringen. Ein neuer, von der Landbevölkerung als quälend empfundener Überwachungsapparat war so entstanden; der bildungspolitische Effekt dieser Kampagne aber blieb gleich Null.

Die politisch verheerendsten Auswirkungen aber hatte die mit der »weißen Revolution« verbundene Landreform. Die feudalistischen Eigentumsstrukturen in der Landwirtschaft wurden damals aufgebrochen. Der bebaubare Boden wurde parzelliert und an Kleinbauern verteilt. Die schlossen sich zu Produktionsgenossenschaften zusammen, die vom Staat mit dem notwendigen Startkapital ausgestattet wurden. Freilich mit einer Auflage: Der Iran, bis 1963 Selbstversorger im Nahrungsmittelbereich, mußte sich unter amerikanischem Druck dem Weltmarkt öffnen. Ohne eine Spezialisierung auf einzelne agrarische Produkte konnte die iranische Landwirtschaft jedoch nicht konkurrenzfähig sein. Dies machte den Iran von Agrarimporten abhängig, über Nacht wurde das Land so zu einem interessanten Exportmarkt für die amerikanische Landwirtschaft. Der dadurch entstehende Konkurrenzdruck zwang zur Mechanisierung; tradierte Sozialstrukturen wurden zerstört, ein Großteil der Landbevölkerung verlor durch diesen Entwicklungsprozeß zugleich seine Beschäftigungs- und damit auch Einkommensmöglichkeiten. Eine gigantische Landflucht setzte ein, die der Iran bis heute nicht verkraftet hat. Rund vier Millionen Menschen wurden heimatlos: In der verzweifelten Hoffnung auf eine Überlebenschance siedelten sie sich an der Peripherie der großen Städte an. Mit der Landreform hatte so die »Verslumung« des Iran begonnen. Das neue Lumpenproletariat bestand vorwiegend aus Analphabeten, deren bäuerliches Bewußtsein vor allem von ihrer Religion – dem schiitischen Islam – geprägt war. Systemfehler zu erkennen hatte sie niemand gelehrt. Für sie war daher der Schah persönlich verantwortlich für den millionenfachen Zusammenbruch familiärer Existenzen.

Der Kapitalismus westlicher Prägung war für sie gleichbedeutend mit Reichtum. Den zu erwerben war für sie unmöglich. Also waren sie gegen den Kapitalismus. Den Sozialismus lehnten sie instinktiv ab, weil er nur den Arbeitern, nicht aber ihnen etwas bringen würde. So blieb nur die Hoffnung, innerhalb der eigenen islamischen Glaubenswelt die Gerechtigkeit zu suchen, die der Koran postuliert. Eine eigene religiöse und vor allem auch kulturelle Identität zu finden, versprach ihnen Ayatollah Khomeini, der nicht nur als politischer Revolutionsführer, sondern zugleich auch als religiöses Oberhaupt aller Schiiten agierte. Die Landflüchtlinge, die Barfüßigen in den Slums, wie man diese Ärmsten der Armen fortan nannte, wurden später zur entscheidenden Machtbasis der Revolutionsbewegung. Für sie war Ayatollah Khomeini umso glaubwürdiger, als er selbst in den siebziger Jahren ein politisches Opfer der »weißen Revolution« geworden war. Er führte damals den Widerstand des Klerus gegen das Programm des Schahs an: Der Protest galt der Ehe- und Familienrechtsreform, weil das damit verbundene neue Rollenverständnis der Frau mit seiner Vorstellung eines gläubigen Lebens nach den Vorschriften des Korans nicht vereinbar war. Und er wendete sich gegen die Landreform, weil der Klerus selbst zu den Großgrundbesitzern und damit zu den von der Enteignung Betroffenen gehörte. Dies ist einer der entscheidenden Gründe dafür, daß eine von der Revolution versprochene erneute Landreform im Iran bis heute nicht vollzogen worden ist. Unter dem brutalen Druck der Militärs brach der von den Geistlichen aufgebaute Widerstand gegen die »weiße Revolution« zusammen. Kurz darauf wurde Ayatollah Khomeini vom Schah ins Exil geschickt: Erst in die Türkei, von dort aus in die den Schiiten heilig geltende Stadt Nadjaf im Irak und die letzten vier Monate dann schließlich nach Paris. Als siegreicher Revolutionsführer kehrte er erst fünfzehn Jahre später in sein Heimatland zurück. Das von der Revolution formulierte Ziel, die Landflucht der sechziger Jahre wieder rückgängig zu machen, wurde nicht einmal annähernd erreicht. Im Gegenteil: die Landflucht hält weiter an. Verbunden mit einer Bevölkerungsexplosion, die die Einwohnerzahl des Iran seit der Revolution von 35 auf über 50 Millionen steigen ließ, ist diese Migrationsbewegung der Grund dafür, daß die Elendsviertel rund um die großen Städte in den letzten Jahren weiter gewachsen sind.

Der Ruf der Barfüßigen nach Allah schallte 1978 Tag und Nacht vor allem durch die Straßen der Hauptstadt; er wurde zum Schlachtruf der Revolution. Die Barfüßigen hatten nichts mehr zu verlieren, ihre Märtyrermentalität machte selbst die hochgerüstete kaiserliche Armee hilflos. »Sie haben einen guten Tausch mit Gott gemacht«, sagte man damals im Iran. »Gemäß den Verheißungen des Korans und der schiitischen Glaubenslehre konnten sie für ihren Tod im gerechten Kampf gegen einen Despoten das elende Dasein auf Erden gegen einen Platz im Paradies eintauschen.« Die Zahl der Barfüßigen ist größer geworden, ihr fester Glaube aber ist geblieben. Weil er das vermeintlich einzige ist, was ihnen das Erdendasein erträglich machen kann. Die Barfüßigen bilden heute immer noch den Bodensatz der Revolution. Sie sind die einzige Bevölkerungsgruppe im Iran, mit der Ayatollah Khomeini bis zum Schluß rechnen konnte und auf die heute auch seine Nachfolger bauen können. »Der Ayatollah«, sagte nach der Revolution ein Intellektueller im Iran, »steht jetzt vor der Schwierigkeit, daß er auf Erden verwirklichen muß, was die Religion bisher immer nur für den Himmel versprochen hat.« Khomeini ist an dieser Aufgabe gescheitert: Die Verheißungen des Korans sind bisher ebenso ausgeblieben wie diejenigen seiner Revolution.

Die Barfüßigen, oder wie Khomeini sie auch nannte: die Unterdrückten und Entrechteten hat das in ihrer Verehrung für den Revolutionsführer nicht irritiert. Sie begreifen die Welt allein mit dem Gefühl; der schiitische Islam ist für sie die einzige Hoffnung. Der einzelne Mensch zählt ihrem Verständnis nach nichts im Angesicht Gottes, das Leben ist ohnehin nur eine Durchgangsstation zu einem besseren Dasein im Jenseits. Zu den von Ayatollah Khomeini vertretenen religiösen und weltlichen Ordnungsvorstellungen gibt es für sie keine Alternative. »Darin liegt die eigentliche Tragik der gegenwärtigen Entwicklung«, sagt ein Teheraner Universitätsprofessor, »der

Islam ist unsere Religion. Wenn wir uns eines Tages von diesem Regime befreien, zerstören wir zugleich unsere eigene Identität.«

Ungeachtet aller Schwierigkeiten hat daher für die Barfüßigen auch über Khomeinis Tod hinaus noch Gültigkeit, was in einer Hymne auf den Revolutionsführer besungen wird:

> *Khomeini, oh Du unser Führer!*
> *Oh Du Kämpfer, oh Du Symbol der Ehre,*
> *Der Du Dein Leben gibst für unser Ziel*
> *Rettung der Menschheit heißt Deine Parole,*
> *Für das Recht den Tod zu geben, ist Deine Ehre.*
> *Du bist der Wächter des Rechts,*
> *Der Feind des Teufels,*
> *Der Freund des Rechts.*
> *Deine Parole lautet: Aufstand für das Recht.*
> *Von uns für Dich ein Salut, von uns für Dich ein Gruß:*
> *Khomeini, oh Du unser Führer*

Die Menschen in der armen Südzone Teherans haben auch heute noch Tränen in den Augen, wenn sie diese Hymne auf ihren verstorbenen Imam singen. Und der wurde nicht müde, ihnen immer wieder jene Losung einzuhämmern, mit der er alle irdischen Probleme zur Nebensache abstempeln wollte: »Ihr habt keine Revolution für Euren Bauch gemacht, sondern für Allah«, sagte Khomeini, »Ökonomie ist nur etwas für Esel. Das Ziel der Revolution war der Islam. Einer, der sich auf dem Weg zum Märtyrertod befindet, kann sich nicht auch noch um Löhne und Preise kümmern.«

Die in der Hymne auf den Imam besungene Wiederherstellung des Rechts war auch die entscheidende Motivation all jener Gesellschaftsschichten gewesen, die sich nicht aus religiöser Überzeugung, sondern aus einer sehr weltlichen und zugleich ohnmächtigen Wut gegen den Schah an der Revolution beteiligt hatten: des bürgerlichen Mittelstandes, der Basaris und Handelstreibenden, der Intellektuellen und zum Schluß auch Teilen der iranischen Oberschicht. Die Diktatur des Pfauenthrons, die ständigen Menschenrechtsverletzungen und die dadurch ausgelösten weltweiten Anklagen gegen das

Schahregime hatten ihnen das Leben im Iran unterträglich gemacht. Entscheidender aber noch waren die wirtschaftlichen Gründe, die hinzukamen: Im Iran blühten Korruption und Spekulation. Wer Zugang zum Hof hatte, konnte binnen kürzester Zeit astronomische Summen verdienen, der Rest der Bevölkerung aber – und das war die überwiegende Mehrheit – bekam nichts. Geschäftlich ging für Iraner wie für Ausländer nur dann etwas, wenn ordentlich geschmiert wurde. Der Kaiserhof kassierte immer mit. Es war freilich nicht der Schah selbst, der die Hand aufhielt. Er befaßte sich mit großer Weltpolitik und nahm nicht zur Kenntnis, was um ihn herum geschah. Aber die Schahfamilie langte kräftig zu, vor allem Prinzessin Ashraf, die Zwillingsschwester des Kaisers. Sie erwies beeindruckende geschäftliche Fähigkeiten: Am illegalen Opiumhandel war sie ebenso einträglich beteiligt wie an der überbordenden Haus- und Grundstücksspekulation. Industrieinvestitionen waren ohne die Beteiligung des Hofes ebenso wenig möglich wie Rüstungseinkäufe. Als sich 1973 nach der Ölpreisexplosion die staatlichen Einnahmen aus dem Ölexport in kürzester Zeit vervielfachten, geriet das ohnehin schon unerträgliche Korruptionssystem endgültig aus den Fugen. Kassiert wurde dabei auf allen Ebenen: vom Hof bis zur untersten Beamtenebene. Die Folgen waren fatal; denn immer richtete sich die Höhe des Schmiergeldes nach dem Volumen des jeweiligen Auftrags. Weshalb der korrupte Staatsapparat losgelöst von den volkswirtschaftlichen Notwendigkeiten nur noch möglichst große und möglichst viele Vorhaben auf den Weg brachte. Von einer gesamtwirtschaftlichen Planung war keine Rede mehr, die Bedürfnisse der Bevölkerung blieben bei dieser Investitionspolitik auf der Strecke. Dem bürgerlichen Mittelstand und den Basaris wurde damit wirtschaftlich die Luft genommen. Gigantische Investitionsruinen zwischen Kaspischem Meer und Persischem Golf sind heute das Ergebnis dieser abenteuerlichen Handlungsweise.

Die Ölpolitik des Schahs war der zweite Grund der wachsenden Opposition gegen die Monarchie. Angesichts der Hochpreisphase auf dem Weltmarkt ließ er so viel Öl fördern und exportieren, wie es technisch nur eben möglich war. Die Deviseneinnahmen verdreifachten sich, der Reichtum des Landes schien ins Unermeßliche zu steigen. Doch nur wenige partizipierten daran. Der Staat schwamm in Petrodollars, seine Repräsentanten bereicherten sich; was darüber hinaus noch übrig blieb, wurde im Ausland angelegt. Aus dieser Zeit stammt die iranische Beteiligung bei Krupp, von der sich die Revolutionäre bis heute noch nicht getrennt haben. Trotz der gigantischen Geldflut aber vegetierten weiter Millionen von Menschen am Rande des Existenzminimums, verzweifelt, ohne jede Hoffnung auf eine Besserung ihrer wirtschaftlichen Situation. Dies verbitterte; zusätzlich beunruhigte viele Iraner der mit dieser Ölpolitik verbundene Raubbau an den natürlichen Ressourcen des Landes. Nur noch 25 Jahre – lautete die internationale Expertenschätzung – würden bei gleichbleibender Förderrate die Ölvorräte reichen. Dann, so stand zu befürchten, würde der Iran nach einer Periode der Scheinblüte auf den Stand eines rohstoffarmen Entwicklungslandes zurückfallen. Eine gezielte Investitionspolitik, die das Land auf die Zeit nach dem Ölboom vorbereitet und damit für die Zukunft gewappnet hätte, war angesichts der korruptionsgesteuerten Wirtschaftspolitik nicht zu erwarten.

Eine Revision seiner Ölpolitik aber, auf deren Weiterführung vor allem die westlichen Industrieländer immer wieder drängten, lehnte der Schah ab. Eine neue Ölpolitik war daher eine der zentralen Forderungen während der Revolution. Eine Ölpolitik, die sich nicht mehr an der Nachfrage auf dem Weltmarkt orientieren sollte, sondern an den wahren Kapitalbedürfnissen der eigenen Volkswirtschaft.

Schließlich kam hinzu, daß jeder Petrodollar, der nicht in den Kanälen der Korruption versickerte oder im Ausland angelegt wurde, in aufwendige Rüstungsprojekte floß. Die Iraner wurden so gezwungen, mit ihrer Armut auch jenen Unterdrückungsapparat zu finanzieren, der ihren täglich wachsenden Unmut und Protest gewaltsam niederdrückte. Zudem war nach Meinung der meisten Iraner der Ausrüstungsstandard der Streitkräfte, gemessen an den Sicherheitsbedürfnissen des eigenen Landes, ohnehin schon völlig überhöht. Allenfalls entsprach er den amerikanischen Wünschen, die im Rahmen ihrer Weltmachtpolitik dem Schah die Rolle eines Polizisten am Persischen Golf zugewiesen hatten. Verschwendung des nationalen Reichtums also auch im militärischen Bereich – mit ein Grund für den späteren Ausbruch des achtjährigen iranisch-irakischen Krieges. Denn mit dem Sturz des Schahs wurde auch die Rolle eines Aufpassers am Golf vakant. Sadam Hussein, der Regimechef in Bagdad, glaubte mit seinem Überraschungsangriff auf den revolutionsgeschwächten Iran sein eigenes Land, den Irak, zur regionalen Großmacht entwickeln zu können.

Die mit der starken ausländischen Investitionstätigkeit im Iran verbundene Überfremdung trug außerdem dazu bei, daß die Bevölkerung das Land nicht mehr als das ihre, den Schah nicht mehr als ihren Monarchen empfand. Ausländern, allen voran den Amerikanern, räumte Reza Pahlawi Rechte ein, von denen der Durchschnittsiraner nur träumen konnte. So wurde die eigene kulturelle Identität zerstört. Das Leben der Oberschicht wurde verwestlicht, ein unübersehbarer Riß ging durch die Gesellschaft, deren größter Teil immer noch von einem orthodox-islamischen Glauben geprägt war. Nach außen bekannte sich der Kaiser zwar dazu, Moslem zu sein. Doch wie allgemein bekannt, führte er in Wirklichkeit ein unislamisches, westliches Leben.

Der von Ayatollah Khomeini repräsentierte schiitische Islam wurde als rückständig, als gerade noch für Analphabeten geeignet diskreditiert. Millionen gläubiger Moslems fühlten sich dadurch so in ihren religiösen Gefühlen verletzt, daß sie schließlich auch deshalb revoltierten.

Nicht Fortschrittsfeindlichkeit also, nicht die Rückbesinnung auf die Werte des Mittelalters waren der Auslöser für die Revolution des Ayatollah Khomeini, sondern all die gesellschaftspolitischen Fehlentwicklungen, die den Iran um seine eigene Zukunft betrogen. Teile der westlich orientierten Oberschicht und des Mittelstandes träumten von einem wirtschaftspolitischen Umbruch.

Diese Sehnsüchte verschmolzen mit dem von der Unterschicht getragenen Religionskrieg zu einer politischen Kraft, die den Schah schließlich vom Thron fegte.

Ruhollah Khomeini – vom Ayatollah zum Revolutionsführer

Was in eine dogmatische, von islamischen Fundamentalisten geprägte Republik mündete, hatte Ende der siebziger Jahre mit einer sozialistischen Interpretation des Korans begonnen. Ayatollah Khomeini saß damals in Nadjaf im irakischen Exil. Von den theologischen Seminaristen der heiligen Stadt Ghom einmal abgesehen, spielte er im Bewußtsein der Iraner noch keine Rolle. In den Provinzen gab es zwar kräftigen Unmut über die herrschende Monarchie, doch der artikulierte sich nicht öffentlich, setzte sich nicht in politischen Protest um. Junge Intellektuelle in der Hauptstadt Teheran waren es, die den revolutionären Anstoß gaben: Mit einer modernen Auslegung des Islam glaubten sie, den in allen Entwicklungsländern gesuchten dritten Weg zwischen dem Kapitalismus westlicher Prägung und dem dogmatischen Kommunismus gefunden zu haben. Zugleich bot der Islam die geistige Grundlage für eine westliche Überfremdung abwehrende Gegenkultur. Weltliche Vorstellungen standen dabei im Vordergrund, der Traum von einer freien und gerechten Gesellschaft. Den Koran verstanden die Intellektuellen als die moralische Basis für eine sozialistische Politik. Der Schah und mit ihm seine amerikanischen Verbündeten siedelten diese jungen Leute zwischen Marx und Mohammed an, beschworen die russische Gefahr und verstärkten ihren Druck auf die innenpolitischen Gegner. Um aus der im Iran nicht sonderlich populären Moskauer Ecke herauszukommen, betonte die Opposition daraufhin immer mehr die überkommenen islamischen Werte. Erst jetzt entstand die Bewegung, die unter Ayatollah Khomeini später erfolgreich in eine Revolution einmünden sollte.

Eine bunt zusammengewürfelte Widerstandsfront formierte sich damals, in der Marxisten und Sozialisten ebenso vertreten waren wie Liberale und Bürgerlich-Konservative. Und natürlich gehörten die islamischen Fundamentalisten unter der Führung der Geistlichkeit dazu. Ihre politischen Vorstellungen klafften weit auseinander, schlossen sich zum Teil sogar gegenseitig aus. Schon damals war klar, daß es zu einem nachrevolutionären Machtkampf kommen mußte. Denn alle diese politischen Oppositionsgruppierungen verband nur eines: die Ablehnung des Schahs und all dessen, wofür er stand.

Eklatante Fehleinschätzungen des kaiserlichen Hofes verdankte es Ayatollah Khomeini letztlich, daß er 1978 zur Symbolfigur der Revolution wurde: Der Schah und seine amerikanischen Berater glaubten, daß die vielschichtige politische Oppositionsbewegung erst dann wirklich gefährlich werden würde, wenn ein politisch profilierter oder charismatischer Führer ihre Kraft bündeln könnte. Innerhalb des Iran gab es eine solche Persönlichkeit jedoch nicht. Am kaiserlichen Hof ging man davon aus, daß für diese Rolle zumindest theoretisch nur ein einziger in Frage kommen könnte: Der seit über einem Jahrzehnt im irakischen Exil sitzende greise Ayatollah Khomeini, ein damals 79jähriger Geistlicher, der seine politische Unbeugsamkeit schon oft genug unter Beweis gestellt hatte. Er war das geistliche Oberhaupt aller Schiiten, und hatte einen heiligen Haß auf die Monarchie. Als politischer Führer spielte er im Bewußtsein der meisten Iraner jedoch noch keine Rolle. Und dazu – so lautete der Auftrag an den Geheimdienst – dürfe es auch nie kommen. Mit einer Schmähschrift, in der sowohl die Person als auch die von Khomeini repräsentierte Religion übel diffamiert wurden, sollte der potentielle Oppositionsführer niedergemacht werden. Doch das genaue Gegenteil trat ein: Ein Sturm der Entrüstung brach los im Iran. Die Veröffentlichung des Pamphlets machte den Ayatollah über Nacht zu dem, was er sonst vermutlich nie geworden wäre: zur Symbolfigur des Widerstands gegen den Schah, zum Aushängeschild der iranischen Opposition und am Ende gar zum Führer der Revolution. Mit dem greisen Imam an der Spitze wurde der Kampf gegen den Schah gnadenlos, mit ihm brach der latente Anti-Amerikanismus offen aus, wurde er militant.

Der Schah versuchte, zu retten, was vermeintlich noch zu retten war und schaufelte sich damit endgültig das eigene politische Grab: Er setzte bei dem Regime in Bagdad Khomeinis Ausweisung aus dem Irak durch. Der Alte mit dem starren Blick, dem Turban und dem langen Bart, von der westlichen

Öffentlichkeit damals als willkommener Paradiesvogel im ansonsten grauen Politeinerlei begrüßt, ging ins Exil nach Paris. Daß ausgerechnet dieser Mann einmal erfolgreich die Weltmacht USA herausfordern könnte, glaubte man nirgendwo, am allerwenigsten wohl in Washington. Doch mit Hilfe der grenzüberschreitenden Kommunikationsmöglichkeiten, die ihm – im Gegensatz zum Irak – nun in Paris zur Verfügung standen, organisierte er erfolgreich den Widerstand. Die iranische Opposition, bis dahin in aussichtslose Straßenkämpfe mit den Sicherheitstruppen des Schahs verwickelt, hatte plötzlich eine Stimme, konnte sich landesweit organisieren. Täglich übermittelte der Ayatollah seine Revolutionsbotschaften per Telefon in seine Heimat. Dort wurde sie auf Kassetten gespeichert und in den rund 80 000 Moscheen des Landes unter die Leute gebracht. Denn diese religiösen Stätten waren während der Schahdiktatur die einzigen repressionsfreien Räume geblieben: Sie bildeten jetzt ein intaktes Kommunikationsnetz für den Widerstand. Khomeini wurde so zum Vorreiter der Revolution. Und allein die Mullahs konnten – was sich nach dem Sturz des Schahs als wichtig erwies – die Widerstandsorganisation kontrollieren.

Jetzt war die Revolution nicht mehr zu stoppen. Die Massen marschierten: »Khomeini, wir sind alle Deine Soldaten«, dröhnte fortan der Schlachtruf in den Straßen. An die Errichtung einer fundamentalistischen islamischen Republik dachte damals noch niemand: Die meisten sahen in dem Ayatollah einen für die Revolution politisch wichtigen Führer, dem sie allerdings nur die Bedeutung einer Gallionsfigur zubilligten. Nach dem Sieg der Revolution, nach dem Zusammenbruch des Pfauenthrons sollte der 79jährige seine historische Rolle ausgespielt haben, sollte ein neuer, freier und demokratischer Staat aufgebaut werden. Als die politischen Kräfte von links bis rechts schließlich merkten, daß sie sich hier gründlich verrechnet hatten, war es für sie bereits zu spät.

Im Gegensatz zum Schah, der spätestens seit der propagandistischen Großoffensive des Ayatollah nicht nur um seine Macht, sondern auch um sein Leben zu fürchten begann, hatte Washington den Ernst der Lage noch immer nicht erkannt. Die

Rückkehr des Ayatollahs:
Der Jubel bei seiner Rückkehr war stürmisch – doch der
alte Mann zeigte keine Regung.

(dpa)

Carter-Administration ging davon aus, daß sie die Entwicklung voll unter Kontrolle hatte. Auf Druck Washingtons wurde ein bürgerlicher Politiker, Shapour Bakhtiar, zum Ministerpräsidenten ernannt, der Schah verließ sein Land heimlich wie ein Dieb durch die Hintertür – um eine Erholungsreise anzutreten, wie es offiziell hieß. Die Flucht des gefürchteten Potentaten wurde in den Straßen Teherans mit einem gigantischen Volksfest gefeiert. Der Jubel, die Begeisterung und die Massenaufmärsche wurden 14 Tage später von der triumphalen Heimkehr Ayatollah Khomeinis in den Iran noch übertroffen. Ganz Persien war auf den Beinen. Die von den Amerikanern gewährten politischen Zugeständnisse aber kamen zu spät: Was man vier Monate vorher noch als Sensation empfunden hätte, war jetzt zuwenig – unter der Führerschaft von Ayatollah Khomeini verlangte die Opposition nun die ganze Macht. Und sie erkämpfte sie sich.

Am 5. Februar 1979, eine Woche vor dem endgültigen Umsturz im Iran, präsentierte sich Ayatollah Khomeini bei seiner ersten und zugleich auch letzten Pressekonferenz in einer kleinen Schule im armen Süden Teherans den aus aller Welt angereisten Journalisten. Die Faszination, die der Imam auf die Iraner ausübte, seine charismatische Ausstrahlung waren für westliche Beobachter schon damals nicht nachvollziehbar. Ein alter Mann saß da auf dem Podest mit schwarzem Turban, weißem Rauschebart und dem Gewand eines islamischen Geistlichen. Ein Greis, der starr vor sich hinblickte, verlegen mit seinen Schnabelschuhen wippte und mit brüchiger, unsicher wirkender Stimme seine Vision von einer Revolution im Iran darlegte: »Weder Ost noch West, sondern islamische Republik«, lautete seine Parole, die man damals noch als inhaltsleeres Schlagwort nahm, mit der gleichwohl aber schon jene Politik vorgezeichnet war, die später den Iran gründlich umkrempeln und die Weltpolitik jahrelang in Atem halten sollte.

Eine neue, an den wirklichen Bedürfnissen der Bevölkerung ausgerichtete Wirtschaftspolitik, so der Ayatollah, sei ein weiteres wichtiges Revolutionsziel, eine sparsam mit dem natürlichen Reichtum des Landes umgehende Ölpolitik ebenso. Nach der Revolution wolle man eine Landreform durchführen, die diesen Namen auch wirklich verdiene. Insgesamt werde man eine Politik für die Barfüßigen machen, für die Ärmsten der Armen also, die während der Schah-Zeit so entsetzlich hätten leiden müssen. Die Verabschiedung eines islamischen Strafrechts werde angestrebt, und mit der Durchsetzung des im Koran festgelegten Verhaltenskodex werde dem iranischen Volk eine neue, islamische Identität gegeben. Und noch ein Revolutionsziel nannte der Ayatollah bei seinem ersten Auftritt in Teheran: die Überwindung der vor allem amerikanisch dominierten kulturellen Fremdherrschaft. Unerbittlich und rücksichtslos gegen sich selbst werde der Iran hier jede Verbindung kappen, notfalls sogar mit Gewalt. Man kann Khomeini also nicht vorwerfen, daß er die Welt über seine Ziele im unklaren ließ. Schon damals hat er die Konturen des von ihm angestrebten islamischen Gottesstaates auf Erden klar umrissen. In dieser Ankündigung ist bereits alles enthalten, was später auch tatsächlich verwirklicht wurde: die radikale Islamisierung des Iran, der politische und kulturelle Krieg gegen den Westen, der von der Teheraner Botschaftsbesetzung bis hin zum Mordbefehl gegen Salman Rushdie reicht. Doch damals nahm man dies alles noch nicht ernst, konnte man es sich nicht mal im Traum vorstellen. Denn der Weltöffentlichkeit hatte sich hier kurz vor dem Sieg der Revolution vermeintlich ein Provinzler präsentiert, der eine Welt verändern wollte, die er gar nicht kannte.

An seinen Geburtsort Khomein in Zentralpersien erinnerte er sich, er kannte natürlich die heilige Stadt Ghom und – wenn auch nur oberflächlich – die Metropole Teheran. Im irakischen Nadjaf, dem Ort seines 13jährigen Exils, hatte er nur die heiligen Moscheen besucht – mehr interessierte ihn nicht. Und in Paris, seiner letzten Station, führte ihn der Weg immer nur zur Gebetsstätte in Neauphle-de-Château. Die große Welt, mit der er sich später anlegen sollte, war ihm nur durch Erzählungen vermittelt worden; ebenso fremd war ihm der Iran selbst. Daran hat sich bis zu seinem Tod kaum etwas geändert. Nach seiner Rückkehr in die Heimat verbrachte Khomeini einige Monate in der heiligen Stadt Ghom, dann zog er sich nach

Teheran zurück: Nicht aus politischen Gründen, sondern auf Anraten seiner Ärzte. Bis zu seinem Tod lebte er in der gesünderen Höhenluft des Teheraner Nordens, nur einen Steinwurf von jenem Niawaran-Palast entfernt, in dem die Schahfamilie jahrelang residiert hatte. Doch der Ayatollah lebte anders als der Schah: einfach und genügsam, fast schon spartanisch. Jede weltliche Vergnügung, jeder Luxus war ihm fremd. Sein schlichtes, hermetisch abgeriegeltes Haus hat er kaum noch verlassen.

Die Seele Gottes

Daß ausgerechnet dieser Geistliche zu einem weltweit bekannten und gefürchteten Revolutionsführer wurde, ist eigentlich ein Widerspruch in sich: Denn Khomeini war kein Revolutionstheoretiker, kein Intellektueller, sondern vielmehr ein strenggläubiger Moslem, der die Sprache des einfachen Mannes sprach. Der von der geistigen Elite zwar belächelt, dafür aber von den Barfüßigen in den Slums verstanden wurde. Kein Geistlicher, der die Öffentlichkeit suchte, der das Bad in der Menge genießen konnte. Er führte von jeher ein zurückgezogenes und äußerst einfaches Leben. Sein Vater, ein islamischer Geistlicher, nannte ihn Ruhollah, das bedeutet die »Seele Gottes«. Khomeini kam vermutlich 1902 zur Welt. Kurz nach seiner Geburt wurde sein Vater ermordet, die Mutter gab das Baby bei Verwandten zur Pflege, Ruhollah wuchs als Waisenkind auf. Familiäre Geborgenheit hat er nie kennengelernt, Kinder- und Jugendfreunde hatte er ebenfalls nicht. Der Koran, die Heilige Schrift des Islam, war ihm schon in jungen Jahren die einzige Leitlinie. Die Mystik des schiitischen Islam prägte ihn, eine Mystik, die Leidensfähigkeit und Märtyrerbereitschaft ebenso einschließt wie das Engagement für die sozial Schwachen und die Auflehnung gegen jede weltliche, als gottlos empfundene Macht. Materiellen Reichtum, behaglichen Wohlstand anzustreben, konnte für ihn nie ein Ziel sein. Sich im Einklang mit Allah und in Übereinstimmung mit den Vorschriften des Korans geistig zu verwirklichen, ein Vollstrecker der immerwährenden unveränderlichen göttlichen Gesetze auf Erden zu sein, dies allein war sein Streben.

Politisch war Khomeini zwar nicht untätig, aber er drängte sich dabei nicht in den Vordergrund, trat öffentlich kaum in Erscheinung. Das änderte sich erst 1963 bei seinem Kampf gegen die »weiße Revolution« des Schahs. Im irakischen Nadjaf, dem heiligen Zentrum der Schiiten, führte er später im Exil das zurückgezogene Leben eines schiitischen Schriftgelehrten. Dort entwickelte er nach den Vorgaben des Korans jene geistigen Grundlagen, auf denen die spätere Islamische Republik errichtet werden sollte. Auch in der Verbannung blieb Khomeini sich selbst treu. Er führte ein gläubiges, einfaches Leben, und war in jeder Hinsicht unbeugsam, was ihm auch oft als Halsstarrigkeit ausgelegt werden konnte. Ein Mann, den der Haß auf den kaiserlichen Hof in Teheran politisch motivierte, der jeden Kompromiß verwarf. Der Selbstzweifel nicht kannte, weil der Koran keinen Raum für Zweifel läßt. Ein Ayatollah, der genau das Gegenteil des Schahs war: Entsprechend dem schiitischen Verständnis des Islam ein sozial engagierter Geistlicher, der seine Solidarität mit den Unterdrückten und Entrechteten ernst meinte. Dem einfachen Leben verpflichtet, kompromißlos auch gegenüber sich selbst und zudem absolut unbestechlich. All das war während der Revolution seine Stärke. Seine religiösen Anhänger schätzten die von ihm verkörperten Tugenden, nach denen zu leben sie selbst nicht fähig oder nicht bereit waren. Für die Iraner war er ein zwar strenger, aber gerechter Vater, dem man mit Liebe, aber auch mit Ehrfurcht und Respekt begegnete. Sein Wort hatte schon vor der Revolution Gültigkeit, seine Entscheidungen wurden akzeptiert, ohne hinterfragt zu werden.

Wer in Ghom oder später in Teheran zu ihm vorgelassen wurde, traf einen Greis, der im Schneidersitz auf dem Boden seines spartanisch eingerichteten Hauses hockte, leise vor sich hin murmelte und den Besucher stets im Zweifel darüber ließ, ob sein Kommen überhaupt bemerkt worden war. Mit starrem Gesichtsausdruck, kalten Augen, äußerst sparsamen Gesten und einer völlig unbeteiligt klingenden Stimme vermittelte er den Eindruck eines Mannes, der keinerlei Emotionen kennt, dem äußere Effekthascherei fremd ist, der menschlich völlig unzugänglich ist. Er lebte ganz nach seinen Glaubenssätzen. Noch im Exil, Anfang der siebziger Jahre, hatte er niedergeschrieben, was eine islamische Herrschaft für ihn bedeute: »Für eigene Meinungen oder gar Gefühle ist kein Platz in der islamischen Regierungsform. Vielmehr unterwerfen sich der Prophet, der Imam und die Menschen allein dem Wunsch Gottes und seinen Gesetzen.« Selbst die Millionen Anhänger, die zu seinem Haus in der heiligen Stadt Ghom strömten, konnten dem Ayatollah keine Geste oder gar ein Lächeln entlocken.

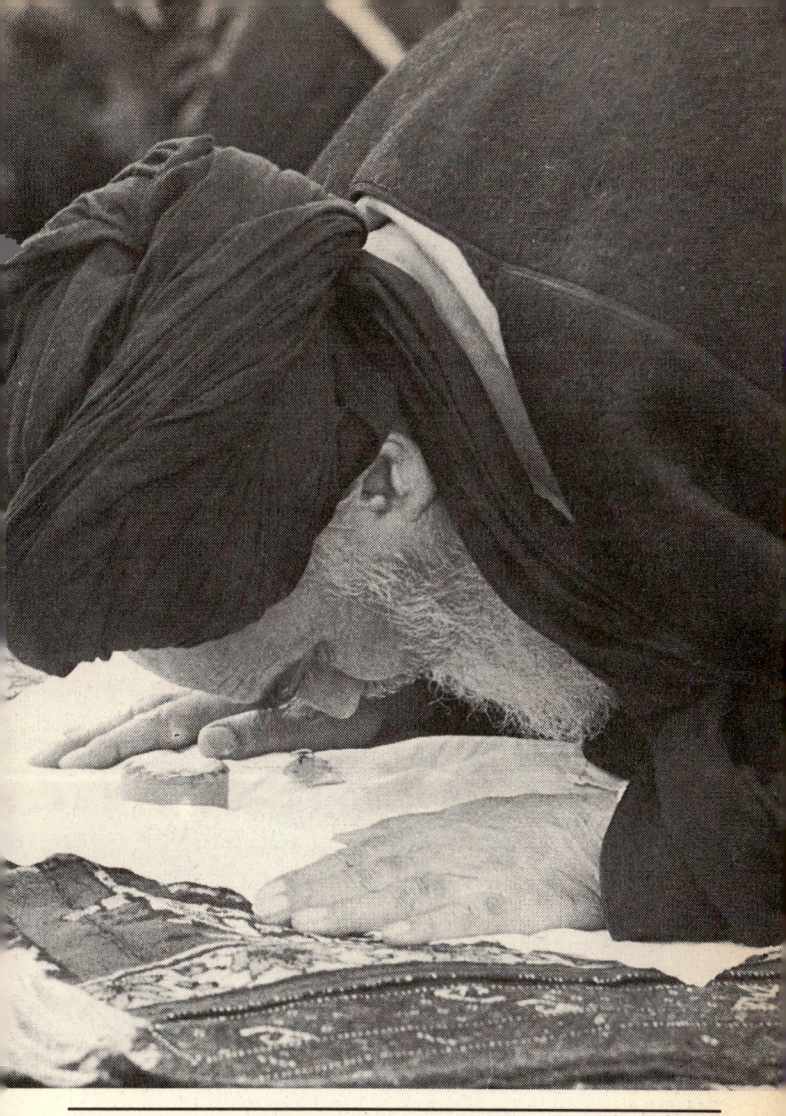

Strenggläubiger Moslem:
Ayatollah Ruhollah Khomeini – Ruhollah heißt zu deutsch
»Die Seele Gottes«.

Kurz vor seiner triumphalen Rückkehr in den Iran, auf dem Flug von Paris nach Teheran, wurde er gefragt, was er fühle, jetzt, da er nach 15jährigem Exil in seine Heimat zurückkehre, wo Millionen von gläubigen Anhängern euphorisch auf ihn warten. Seine Antwort war kurz und knapp: »Nichts«.

Sein äußeres Erscheinungsbild und die Art seines öffentlichen Auftretens entsprachen einfach nicht dem Bild eines Revolutionsführers, wie man es sich hauptsächlich im Westen macht: Kein Demagoge, kein großer Rhetoriker trat da ans Mikrofon, sondern ein leise sprechender Mann, langweilig und irgendwie nicht greifbar. Ein Greis, dem man politische Macht niemals zutrauen würde. Doch schon bald erwies sich der vermeintliche Provinzler als ein ausgefuchster Taktiker, als ein Geistlicher mit ausgeprägtem weltlichen Machtinstinkt. Der allerdings die Herrschaft nicht um ihrer selbst willen anstrebte, sondern um damit die göttlichen Gesetze auf Erden zu verwirklichen.

Wer Macht ausübt, handelt nach Khomeinis Verständnis allein im Namen Gottes; er muß die unauflösliche Einheit von Religion und Politik, von Koran und Staat herstellen, muß einen Gottesstaat auf Erden errichten. Einen Staat, dem Khomeini den Namen »Islamische Republik Iran« gab.

Islam und Politik

Bei dieser islamischen Republik, soviel war schon vor dem Umsturz erkennbar, sollte es sich nicht um eine Demokratie westlichen Zuschnitts handeln. Nach islamischem Verständnis wäre dies auch nicht vorstellbar: Denn für die schiitischen Fundamentalisten umschreibt der Koran eine vollkommene, da von Gott gegebene Gesellschaftsordnung, die sich aufgrund ihres göttlichen Charakters jeder menschlichen Veränderung entziehen muß. Religion und Politik bilden demnach eine unauflösbare Einheit. Der Koran enthält die göttlichen Gesetze, die in einem Gottesstaat auf Erden vollzogen werden müssen. Für Pluralität gibt es innerhalb dieser religiösen Gesellschaft ebenso wenig Raum wie für Liberalität oder Individualität. Von der großen Politik bis hin zum Verhalten des kleinen

Mannes im Alltag wird alles von der Religion bestimmt; Grundsatzfragen stehen nicht zur politischen Disposition von Regierungen oder Parlamenten. Der Islam erweist sich als ein in sich geschlossenes System, unveränderbar und damit in extremem Maße traditionsverhaftet. Seitdem die Schia, die für die schiitischen Moslems verbindliche Auslegung des Korans, im 16. Jahrhundert zur offiziellen Konfession in Persien erhoben wurde, hat sich die Religion nicht fortentwickelt, wurde sie nicht einer veränderten Wirklichkeit angepaßt. Da es sich nach schiitischer Überzeugung um eine im göttlichen Sinne vollendete und damit nicht mehr modernisierungsbedürftige Religion handelt, erschien der schiitische Islam umso starrer, je schneller sich die Welt veränderte, in der er herrschte.

Eine Aufklärung oder Reformation hat es hier nie gegeben. Immer blieb der Islam die als vollkommene Lebensform verstandene Religion. Die Wirklichkeit sollte sich ihm anpassen – nicht umgekehrt. »Von Anbeginn der Schöpfung bis heute hat es in der Welt immer nur zwei Arten von Parteien gegeben: eine ist die Partei Gottes, die andere die des Satans«, postulierte Ayatollah Khomeini bereits vor seiner Rückkehr in den Iran. Schon im Exil hatte er – der sich dem fundamentalistischen, islamischen Verständnis verpflichtet fühlte – klar definiert, welcher Staat ihm, dem islamischen Gelehrten, vorschwebte: »Der islamische Staat kennt keine Despotie. Er ist ein konstitutioneller Staat, aber nicht im modernen Sinne, wo die Verfassung vom Parlament oder einer Abgeordnetenversammlung ausgelegt wird. Der islamische Staat ist konstitutionell dergestalt, daß seine führenden Köpfe an die Gesetze und Bedingungen des Korans gebunden sind.« Eine Staatstheorie, die in der später verabschiedeten Verfassung ihren Niederschlag fand: Ein durchaus nach westlichem Muster gegliedertes parlamentarisches System, dem jedoch als eine Art göttlicher Instanz die Herrschaft des »anerkannten Gottesgelehrten« vorangestellt ist. Die Rolle des anerkannten Gottesgelehrten fiel natürlich dem Revolutionsführer Ayatollah Ruhollah Khomeini zu.

Dieses politische Verständnis von Religion, dieses Konzept eines islamischen Staates programmiert nicht nur eine starre Gesellschaftsordnung im Iran, sondern auch die politische und vor allem kulturelle Abschottung nach außen. Denn eine im göttlichen Sinne legitime Herrschaft kann demnach nur eine islamische sein. Daraus leiten die Fundamentalisten die Berechtigung für ihr militantes Vorgehen gegenüber allen nichtislamischen Herrschaftsformen ab. Ihr enges Verständnis des Islam verpflichtet sie zur Ablehnung aller von außen eindringenden politischen und kulturellen Einflüsse. Vor allem der aus dem Westen. Denn die westliche Aufklärung – davon war der Ayatollah und sind heute seine Gefolgsleute überzeugt – muß in gesellschaftlicher Dekadenz enden. Die Aufklärung zerstört die Grundwerte der göttlichen Lebensordnung und untergräbt die islamische Tradition. Doch der Kampf gilt nicht nur den verwerflichen westlichen Einflüssen, sondern ebenso kompromißlos jenen moslemischen Führern, die mit ihrer Politik das Land westlichen Einflüssen öffnen. Nach fundamentalistischem Verständnis hat dies etwa der später ermordete ägyptische Präsident Sadat getan.

Auch im Iran haben immer wieder Geistliche und Politiker nach der Revolution eine vorsichtige Öffnungspolitik gegenüber dem Westen versucht. Viele von ihnen haben dieses Ansinnen mit dem Leben bezahlt: Unter fadenscheinigen Anklagen wurden sie verhaftet und hingerichtet oder aber fielen Attentaten zum Opfer. Der Konflikt zwischen den Fundamentalisten und einem eher liberalen islamischen Flügel bestimmt bis heute den nachrevolutionären Machtkampf im Iran. Daraus erklären sich die ständig wiederkehrenden und im Westen vielfach für unkalkulierbar gehaltenen »Fieberausschläge« in der Politik der Teheraner Führung: Nicht nur im Kampf gegen die westliche Vormacht USA – einem Kampf, den Khomeini als Krieg zwischen dem Islam und dem Heidentum bezeichnete – sondern auch bei der notwendigen wirtschaftspolitischen Öffnung, die in schöner Regelmäßigkeit immer dann, wenn sie Früchte zu tragen beginnt, in radikaler Form rückgängig gemacht wird. Dieses politische Wechselbad hat nichts mit Fortschrittsfeindlichkeit zu tun, nichts mit der Angst vor westlichen Technologien. Es geht allein um die damit einströmenden fremden kulturellen Einflüsse, die man fernhalten will.

Den Mullahs ist diese Abschottung wichtiger als jeder wirtschaftliche Fortschritt. Ayatollah Khomeini gar wollte, wenn notwendig, lieber wieder auf einem Esel reiten, als die neue, islamische Identität preisgeben. Die Angst sitzt tief, wofür es vor allem zwei Ursachen gibt. Die historische: Im Lauf ihrer Geschichte haben die Moslems im Iran die abendländische Kultur immer nur als ein Mittel der politischen und wirtschaftlichen Fremdbestimmung kennengelernt. Haben die Verbündeten dieser westlichen Kultur keinen neuen Geist, sondern nur Ausbeutung und Unterdrückung gebracht. Daneben existiert ein aktueller politischer Grund: Die strikte Islamisierung des Landes, und das damit vor allem den Unterschichten vermittelte neue Selbstbewußtsein bilden die Basis der politischen Macht der Mullahs und Ayatollahs im Iran. Sie können kein Interesse daran haben, zugunsten eines tagespolitischen Vorteils diese Machtbasis zu gefährden. Denn die beste wirtschaftliche Entwicklung nützt ihnen nichts, wenn sie ihr theokratisches Herrschaftssystem zum Einsturz bringt.

Deshalb schirmt sich der Iran heute nicht nur nach der Revolutionsdevise »weder Ost noch West« gegenüber den beiden großen Blöcken ab, sondern ist auch innerhalb der arabisch-islamischen Welt weitgehend isoliert und Anfeindungen ausgesetzt. Denn im Gegensatz zu der im Westen vielfach verbreiteten Auffassung, Ayatollah Khomeini sei der große und unumstrittene Religionsführer innerhalb der islamischen Welt gewesen, beschränkte sich sein politischer Machtbereich auf den Iran selbst und war sein religiöser Führungsanspruch begrenzt auf die islamische Gemeinde der Schiiten. Die aber bildet innerhalb der moslemischen Weltbevölkerung von über 800 Millionen Gläubigen nur eine kleine Minderheit. Rund zehn Prozent aller Moslems sind Schiiten, 90 Prozent Sunniten.

Und diesen Sunniten konnte Ayatollah Khomeini kein religiöses Oberhaupt sein. Seine Religionsgemeinde bilden – von wenigen Ausnahmen im Süden des Landes abgesehen – die Moslems im Iran. Im Irak bekennt sich die Hälfte der Gläubigen ebenfalls zur Schia, und auch auf dem indo-pakistanischen Subkontinent gibt es Schiiten, die dort jedoch nur eine relativ kleine Gruppe bilden. Im iranisch-irakischen Krieg hatte Ayatollah Khomeini als das religiöse Oberhaupt der Schiiten auf die Unterstützung seiner Glaubensgenossen im Irak gehofft. Umgekehrt hatte sich das Regime in Bagdad, als es in die südliche iranische Ölprovinz Khusistan einfiel, die Hilfe der dort lebenden Sunniten ausgerechnet. Dieses Kalkül erfüllte sich beiderseits nicht, die nationalen Gefühle der Menschen wogen schwerer als ihre jeweilige Religionszugehörigkeit.

Die Spaltung der islamischen Welt in Schiiten und Sunniten geht auf die frühesten Anfänge dieser Religion zurück. Der Streit entzündete sich an der Frage, wer nach dem Tod des Propheten Mohammed, der selbst keine Söhne hatte, das Oberhaupt der islamischen Gemeinde sein sollte. Mohammed starb, ohne eine klare Nachfolgeregel getroffen zu haben. Zwei Verwandte des Propheten, Mohammeds Schwiegervater sowie sein Vetter und gleichzeitiger Schwiegersohn, beanspruchten jeder für sich alleine das Recht, das Vermächtnis des Propheten für die Nachwelt niederzuschreiben. Wenige Monate nach dem Tod Mohammeds soll sein Schwiegersohn Ali den Koran bereits in Schriftform vorgelegt haben. Zur gleichen Zeit aber verfaßte der Schwiegervater des Propheten eine »Sunna«, eine Religionsanweisung, die bis heute zusammen mit dem Koran zu den heiligen Glaubensquellen der Sunniten und damit der großen Mehrheit der moslemischen Welt zählt. Eine kleine Minderheit dagegen, die bislang von Ayatollah Khomeini angeführten Schiiten, erkennen diese »Sunna« des Schwiegervaters nicht als das Vermächtnis des Propheten an, weshalb sie Mohammeds Nachfolger, die Kalifen, auch nicht als religiöse Führer akzeptieren. Für die Schiiten sind nur die direkten Erbfolger Alis die wahren Nachfolger des Propheten. Dies war die Geburtsstunde der sogenannten Zwölferschia: Es gab zwölf Imame, also Führer, als Nachfolger Mohammeds, die nach schiitischer Auffassung direkt von Gott bestimmt worden waren. Der zwölfte Imam, so die Überlieferung, verschwand bereits im Kindesalter auf mysteriöse Weise, weshalb es keine weiteren, von Gott bestimmten Nachfolger des Propheten mehr geben konnte. Dieser zwölfte Imam, der Erwartete Mahdi, lebt nach schiitischem Glauben dank eines göttlichen Wunders bis auf den heutigen Tag im Verborgenen. Eines

Tages wird er zurückkehren, die Welt erretten und ein Reich des Friedens und der Gerechtigkeit errichten.

Es wird eine ganze Reihe von Zeichen geben, die die Rückkehr des verschwundenen zwölften Imams ankündigen.»Dem Erscheinen des verborgenen Imam – so eine Überlieferung aus dem 16. Jahrhundert – geht eine Periode von Unheil und Unglück voran. Der Abfall von Gott und die Umkehrung aller sittlichen Werte bestimmen den Zeitgeist. Die Regierenden wenden sich Tyrannei und Frevel zu.« Derartige Anzeichen gab es in der Schlußphase der Schahherrschaft im Iran mehr als genug. Ayatollah Khomeini beanspruchte bei seiner Rückkehr aus dem Exil zwar nicht für sich, der zwölfte verborgene Imam zu sein. Es gelang ihm aber, vor allem den Angehörigen der ungebildeten Schichten den Glauben zu vermitteln, daß er während der Abwesenheit des Mahdi, des zwölften Imam, dessen Stellvertreter auf Erden ist. Womit Khomeini seinen eigenen Führungs- und Herrschaftsanspruch indirekt auf eine Bestimmung Gottes zurückführte.

Der Alltag in einem Gottesstaat

Überfliegt man eine Landesgrenze, merkt man das als Passagier normalerweise nicht. Auf dem Flug von Frankfurt nach Teheran aber ist das anders. Da meldet sich rund eineinhalb Stunden vor der Landung in der iranischen Hauptstadt das Cockpit per Bordlautsprecher:»Meine Damen und Herren, wir gehen jetzt noch einmal mit dem Barwagen durch, wir servieren noch einmal alkoholische Getränke. Danach wird die Bar aufgrund örtlicher Bestimmungen geschlossen.« Ein untrügliches Zeichen dafür, daß die türkisch-iranische Grenze erreicht ist. Mit dieser Durchsage kommt plötzlich Bewegung in die Kabine, denn damit beginnt der Endspurt vor dem Eintauchen in die Islamische Republik.

Wild gestikulierend rufen die Männer nach den Stewardessen, bestellen ein letztes Bier, einen letzten Whisky, oder besser gleich zwei. Ex und hopp. Schließlich ist der iranische Gottesstaat eine alkoholfreie Republik, und in diesem Punkt – das wissen nicht nur die Perser – verstehen die Revolutionsgardisten keinen Spaß. Die weiblichen Passagiere, fast durchweg elegeant gekleidete Damen der iranischen Oberschicht, haben derweil anderes zu tun. Peinlich genau wird das Gesicht abgeschminkt und der rote Nagellack entfernt. Ringe, Halsketten und Broschen wandern in die Reisetasche. Die strengen Vorschriften des Korans verbieten es den Frauen, ihrer Eitelkeit zu frönen. Weshalb nicht nur der Import von Alkohol, sondern auch der von Kosmetika streng untersagt ist. Während die einen noch gegen die letzten Spuren von Lippenstift und Nagellack kämpfen, stehen die anderen schon Schlange vor den wenigen Bordtoiletten. Die nach dem letzten Pariser Chic gekleideten Damen verschwinden darin, heraus kommen wenig später Frauen im Einheitslook: eingehüllt in den langen, schwarzen Tschador, den iranisch-islamischen Schleier, der dem Fremden nur mehr den Blick läßt auf ein jetzt bleiches Gesicht. Der islamische Alltag hat an Bord Einzug gehalten, noch bevor die Hauptstadt der Islamischen Republik Iran als riesiger Lichterteppich unter der Maschine erscheint.

Bei der Paß- und Zollabfertigung das seit Revolutionstagen unveränderte Bild: Überall Gardisten mit abgewetzten Jeans, Turnschuhen und bärtigem Gesicht. Lange Schlangen von geduldig, angstvoll wartenden Reisenden, die zusehen, wie ihre Habseligkeiten bis ins Kleinste geprüft werden. Beeindruckend der Gleichmut und die Gründlichkeit, mit der nach verbotenen Dingen gesucht wird. Nach Alkohol oder Kosmetika, nach Video- oder auch nur Musikkassetten. Dann die mehrfachen Sperren. Immer wieder werden die Dokumente neu überprüft: Ein feingefächertes Kontrollsystem soll die einst hier gängige Korruption unmöglich machen. Dies ist freilich nur zum Teil gelungen. Denn die Möglichkeit, mit Hilfe von Geld oder Beziehungen das eigentlich Unmögliche doch noch möglich zu machen, besteht auch heute noch im Iran. Was es allerdings nicht mehr gibt, ist jener barbarische Mehabad-Cocktail, der in den Monaten nach der Revolution manchem Zeitgenossen grauenhafte Kopfschmerzen und Übelkeit beschert hatte. Es war ein teuflisches Gebräu, zusammengemixt aus allen Schnäpsen dieser Welt. Damals war es noch ungefährlich, Alkohol einzuschmuggeln. Entdeckte Flaschen wurden beschlagnahmt, ihr Inhalt in eine große Tonne hinter der Zollbarriere gekippt. Was dabei herauskam, konnte am Nebenausgang des Flughafens dann als Cocktail glasweise erworben werden – illegal, versteht sich.

Das im Koran definierte Alkoholverbot wurde bei der Durchsetzung der islamischen Moralgesetze als erstes verwirklicht. Schon wenige Monate nach dem Sieg der Revolution legten die Revolutionsgarden los. Zuerst erschien im Interconti-Hotel, damals noch eine erste Adresse in Teheran, ein Stoßtrupp, räumte den Bier-, Schnaps- und Weinkeller aus und goß den Inhalt in jene am Rand der Straße entlanglaufende Rinne, durch die sonst die Abwässer und das Schmelzwasser aus dem Elbrusgebirge fließen. Millionenwerte wurden dabei zerstört. Als am nächsten Tag in großer Aufmachung Bilder dieser spektakulären Antialkoholaktion in den Zeitungen erschienen, war jedermann klar, daß es nun ernst wurde mit der Islamisierung des Alltagslebens. Die Regale der Supermärkte waren zu diesem Zeitpunkt schon längst leergefegt. Restaurants, die den Ernst der Stunde immer noch nicht erkannt hatten und weiter Alkohol ausschenkten, wurden geschlossen, das Management hinter Schloß und Riegel gesetzt. Die »Skol Beer Manufacturing Company« vor den Toren Teherans wurde gestürmt, der gesamte Produktionsbestand beschlagnahmt. Wenig später versickerten Millionen Liter Bier im Wüstensand. Es war zugleich die Geburtsstunde eines Schwarzmarktes, der fortan schwindelerregende Umsätze tätigte.

In vielen Villen im Norden Teherans, wo die Oberschicht und die obere Mittelschicht wohnte, tropfte im Keller plötzlich die Destille. Über Kurdistan wurde Alkohol aus dem Irak eingeschmuggelt und zu horrenden Preisen unter dem Ladentisch verkauft. Illegale Schnapsbrennereien etablierten sich, die allerdings nicht immer saubere Ware lieferten. Es häuften sich die Todesfälle nach dem Genuß von Schnaps, der mit Holz- oder Industriealkohol gebrannt war. Sehr viel mehr heimliche Trinker aber erblindeten, weil sie Methylalkohol erwischt hatten. Fast täglich brachten die Zeitungen Meldungen über ausgehobene illegale Spirituosenlager, zugleich sah man immer öfter, daß Alkoholsünder auf offener Straße ausgepeitscht wurden. Produzenten und Händlern des verbotenen Gebräus wurde ein kurzer Prozeß gemacht, viele von ihnen standen bald darauf vor einem Erschießungskommando. Die Antialkoholkampagne wurde aber auch als politische Waffe eingesetzt. Es gibt verläßliche Aussagen von Betroffenen, die man aus politischen Gründen ausschalten wollte. Revolutionsgarden fuhren dort mit einem ganzen Schnapswagen vor, bauten die Flaschen im Garten auf und stellten den gewünschten Delinquenten zur beweissichernden Aufnahme hinter die Flaschenbatterie – damit war das Urteil über ihn bereits gesprochen.

Als Ersatz wurde alkoholfreies Malzbier auf den Markt gebracht. Vor allem im Norden Teherans wurde es bald zum Volkssport, dieses »islamische Bier« tagelang auf dem Dachträger des Autos spazierenzufahren und so den Gärungsprozeß in Gang zu bringen. Die Revolutionsführung reagierte sofort. Per Verordnung wurde der Transport von Malzbier auf dem Autodach verboten. Mit dem Beginn des iranisch-irakischen Krieges, der den Nachschub über Kurdistan versperrte, konnte das Alkoholverbot dann endgültig durchgesetzt werden. Wer heute in Teheran oder anderswo im Iran auf einen guten Schluck nicht verzichten will, muß schon über sehr gute Beziehungen – vorzugsweise zu Ausländern – verfügen.

Das Verbot und seine rigide Durchsetzung haben im Iran selbst, wie erst recht im Ausland, zahlreiche spöttische Anmerkungen provoziert. Viele haben versucht, die Mullahs als weltfremde Heilige lächerlich zu machen. Sie übersahen dabei allerdings, daß es sich bei dem Alkoholerlaß – ähnlich wie bei den zahlreichen anderen islamischen Verhaltensregeln – um ein Minderheitenproblem handelte. Denn für die Landbevölkerung und die Gläubigen in den Armenvierteln der großen Städte, und sie zusammen machen immerhin rund 80 Prozent der Bevölkerung aus, für sie alle war dies auch schon vor der Revolution keine Thema. Sie lebten nicht erst seit der Rückkehr von Ayatollah Khomeini, sondern auch schon vorher streng nach den Regeln des Korans, weshalb ihnen die ganze Aufregung über die strikte Islamisierung des Alltagslebens unverständlich blieb. Auch die anderen Vorschriften des Korans rund ums Essen und Trinken waren ihnen von jeher eine Selbstverständlichkeit. Schuppenloser Fisch und Schalentiere durften nicht gegessen werden, ebensowenig Schweinefleisch. Diese Vorschriften haben einen historischen Hintergrund. Früher, als es noch keine Kühlmöglichkeiten für Lebensmittel gab, waren die erwähnten Waren besonders leicht verderblich. Zu oft hatte ihr Verzehr zu Krankheiten geführt, ja sogar ganze Epidemien ausgelöst. Die wenigsten Gläubigen kennen diesen hygienischen Hintergrund, gleichwohl ist ihnen auch heutzutage die Einhaltung der Vorschrift eine Selbstverständlichkeit. Das gilt freilich nicht für all die anderen Bereiche, die ebenfalls fundamentalistischen Moralvorstellungen angepaßt wurden.

So begann ein halbes Jahr nach der Revolution und nach der erfolgreichen Antialkoholaktion ein heiliger Feldzug gegen die Musik: Musik sei Verrat am Volk, vor allem an der Jugend, befand der greise Ayatollah – und zog daraus die Konsequenzen. Unterhaltungsmusik, gleich welcher Art, wurde verboten. Offiziell gilt dies bis auf den heutigen Tag. Ayatollah Khomeini war davon überzeugt, daß die Jugend des Landes während der Schahzeit in teuflischer Absicht moralisch korrumpiert worden war. Die verhaßte Monarchie hatte dafür nach seiner Ansicht eigens Zentren der moralischen Aufweichung geschaffen: Diskotheken, Bars, aber auch die Musikprogramme in Funk und Fernsehen. Er wisse durchaus von der Liebe der Menschen zur Musik, teilte der Ayatollah seinen Landsleuten mit, doch wer der Musik zu stark verfalle, verliere den Kontakt zur Realität, gleite ab in eine Traumwelt. Musik wirkte wie Opium für das Volk, verhindere einen politischen Bewußtseinsprozeß und störe den Gläubigen in seiner Konzentration auf Gott. Um den Menschen diese Versuchung zu ersparen, verfügte Khomeini die Schließung aller Bars und Diskotheken und erließ ein allgemeines Musikverbot. Wieder rückten die Revolutionskommandos aus. Die Lagerbestände in den Musikläden wurden zerstört, die Geschäfte selbst geschlossen. Tausende von fliegenden Händlern, die bis dato die Bürgersteige bevölkert und versucht hatten, durch den Verkauf von Musikkassetten – vorwiegend Raubkopien – ihr tägliches Überleben zu sichern, wurden gewaltsam vertrieben.

Dies war der Auftakt zur Zerschlagung der gesamten Unterhaltungsindustrie. Religiöse Überzeugungen vermischten sich hier mit einer vor allem bei Khomeini tief sitzenden Abneigung gegen alle fremden Kultureinflüsse, die – das hatte der Ayatollah durchaus richtig erkannt – vor allem durch die Unterhaltungsindustrie transportiert wurden. Das bis dahin im Iran vor allem westlich geprägte Kulturleben wurde abgewürgt, Theater und Kinos mußten schließen.»In Übereinstimmung mit den Prinzipien der islamischen Revolution« wurden alle Würfel- und Kartenspiele verboten, wurden praktisch alle Formen des Zeitvertreibs auf den islamischen Index gesetzt. Selbst Sportzentren mußten zumachen, weil – wie der Vorsitzende des Teheraner Revolutionsgerichts in einer Verlautbarung vom Juni 1980 schockiert feststellte – »dort auch Tischtennis, Tischfußball und Billard gespielt wurde«. Gähnende Langeweile machte sich breit.

Frauen im Iran

Mehr als durch diese Einzelvorschriften aber veränderte sich das äußere Erscheinungsbild des Iran aufgrund des neuen Rollenverständnisses der Frau, wie es die Mullahs aus dem Koran ableiteten. Während der Revolution, Ayatollah Khomeini hat dies später immer wieder betont, spielten die Frauen eine wichtige, den Männern gleichberechtigte Rolle. Viele von ihnen kämpften in den entscheidenden Tagen des Umsturzes mit der Waffe in der Hand; und auch die großen Demonstrationszüge, die monatelang unerschrocken gegen das hochgerüstete Bollwerk des Schahs anrannten, bestanden zur Hälfte fast immer aus Frauen. Der Tschador war während der Revolution ihre Kampfuniform gewesen: der weite, meist aus schwarzem Nyltest geschneiderte islamische Umhang, der über die Alltagskleidung geworfen wird und nur noch den Blick auf das Gesicht freigibt. Viele Frauen haben den Tschador damals getragen, weil sie es von jeher so gewohnt waren. Während der Schahzeit war das Schleiertragen zwar keine Pflicht, gleichwohl für viele Gläubige eine heilige Verpflichtung. Andere Frauen trugen den Schleier bewußt, aus Protest. Als Ausdruck des Wunsches nach einer neuen, islamischen Identität, als sichtbaren Widerstand gegen westliche Überfremdung und amerikanische Plastikkultur. Nach dem Sieg der Revolution kehrten vor allem die Frauen in den größeren Städten zur Normalität des Alltags zurück und legten ihre Kampfuniform wieder ab. Die politische Arbeit schien getan.

Die Mullahs murrten zunächst nur, reagierten aber nicht. Ein Aufruf jagte den anderen, die islamischen Schwestern sollten doch bitte die Würde der Frauen wahren und den Schleier tragen. Doch diese Mahnungen des Klerus verhallten zunächst weitgehend ungehört. Hier und da kam es auf den Straßen zu heftigen Auseinandersetzungen, wurden unverschleierte Frauen von fanatischen Jugendlichen angegriffen und verprügelt. Dies buchte man auf das Konto des revolutionären Übereifers. Ernst wurde es erst, als sich Ayatollah Khomeini persönlich zu Wort meldete: »Wollust und sexuelle Begierde beherrschen den Mann. Wessen Denken aber von diesen Gefühlen bestimmt wird, der verliert den Kontakt zu Allah.« Das jedoch durfte in dem jungen Gottesstaat auf keinen Fall geschehen. Weshalb der Ayatollah seine islamischen Schwestern aufforderte, künftig weder am Arbeitsplatz noch in der Öffentlichkeit »nackt« herumzulaufen. Das Wort des Revolutionsführers hatte schon damals Gesetzeskraft im Iran, der allgemeine Schleierzwang war damit verfügt. Weitere Begründungen, die über den Schutz des Mannes vor der weiblichen Erotik hinausgingen, wurden nachgereicht. Den Schleier zu tragen – hieß es – sei auch eine Form islamischer Gleichberechtigung. Wer arm ist, kann sich keine schönen Kleider kaufen und hat kein Geld für teure Kosmetika. Er kann beim Schönheitswettbewerb um die Gunst des Mannes nicht bestehen. Wer arm ist, kann gleichwohl aber eine wertvolle Persönlichkeit sein. Der Tschador verhüllt diese künstlichen Unterschiede, hebt sie auf; die Frau kann damit sie selbst sein, ohne auf Körpermaße und modisches Erscheinungsbild schielen zu müssen. Dergestalt verhüllt präsentiert die Frau als einzigen wahren Wert ihr Wissen und ihre Persönlichkeit. So wird sie von der entehrenden Rolle eines Sexobjektes befreit, kann sie gleichberechtigt und in Würde auftreten. Äußerlichkeiten haben ihren Sinn verloren.

In den ländlichen Regionen, wo immerhin rund 80 Prozent aller iranischen Frauen leben, war auch diese Schleierdiskussion ohne Bedeutung. Die Landfrauen hatten den Tschador schon vor dem Umsturz getragen, ihr Leben hatte sich durch die Revolution nicht verändert; es war weder besser noch schlechter geworden, sondern gleich hart geblieben. Ab dem vierten Lebensjahr werden die Mädchen auf dem Land schon zur Arbeit herangezogen, müssen sie bei der Feldarbeit helfen oder die Tiere bewachen. Mit 14 Jahren haben sie ihre Kindheit und Jugend bereits hinter sich, dann werden sie voll in den täglichen Arbeitsprozeß integriert. Im gleichen Alter heiraten sie, wobei der Mann fürs Leben in aller Regel auch heute noch von den Eltern bestimmt wird. Ein sechzehnstündiger Arbeitstag ist die Norm; da bleibt kein Raum mehr, um über das eigene Rollenverständnis nachzudenken. Für diese Frauen sind die islamischen Moralgesetze weder neu noch aufgezwungen, sondern im wahrsten Sinne des Wortes gottgegeben.

Ein Problem stellte die Schleierverordnung dagegen für die aufgeklärten Frauen der großen Städte dar: Bis zur Revolution waren sie es gewohnt, ein Leben westlichen Zuschnitts zu führen. Der letzte modische Chic aus London und Paris war für die Frauen der Oberklasse eine Selbstverständlichkeit, und die jungen Mädchen liefen herum wie ihre Altersgenossinnen in den westlichen Ländern auch: im Gammellook, mit Jeans und Pullover. Während der Revolution hatten sie alle zum Zeichen ihrer Kampfbereitschaft den Tschador übergeworfen. Jetzt aber, wo alles vorbei zu sein schien, wollten sie wieder eine aufgeklärte und dem Mann gleichberechtigte Rolle in der Gesellschaft spielen.

Die Mullahs und Ayatollahs aber hatten anderes im Sinn. Sie pochten auf die Vorschriften des Korans, nach denen sich die Frau dem Mann unterordnen und ihm dienen muß. Die Frauen in den Städten muckten daher begreiflicherweise auf, als Ayatollah Khomeini seinen »Erlaß gegen die Nacktheit« verfügte. Zumal sie richtig erkannt hatten, daß es dabei um mehr als nur um das Tragen eines Schleiers ging. Der Tschador sollte Ausdruck einer neuen Unterwerfung sein. In Teheran und in anderen großen Städten gingen die Frauen unverschleiert auf die Straße, protestierten gegen Tschadorzwang und Unterdrückung und gegen das neue, einem fundamentalistischen Islamverständnis entsprechende Familienrecht. Denn auch in diesem Bereich hatte sich für die Frauen vieles verändert. Die Mehrfachehe wurde wieder eingeführt. Verfügt ein Mann über die notwendigen persönlichen und finanziellen Voraussetzungen, um alle Frauen gleich gut zu behandeln – so die schiitische Theorie – dann kann er bis zu vier Frauen gleichzeitig heiraten. Zusätzlich hat er die Möglichkeit einer Ehe auf Zeit, die vor einem Mullah geschlossen werden kann. Kritiker haben hier polemisch von einer Legalisierung der ansonsten strikt verbotenen Prostitution gesprochen. Das mag hier und da zutreffen, tatsächlich aber hat die Einrichtung der Zeitehe einen anderen Hintergrund. Entstanden ist sie auf den Tee- und Tabakplantagen im Norden des Landes, wo hauptsächlich Saisonarbeiterinnen tätig sind. In Ermangelung eines für diese Frauen geltenden Arbeitsrechts schlossen die Gutsbesitzer mit ihnen eine Zeitehe ab, die nichs anderes als ein Arbeitsvertrag war, der die Entlohnung und soziale Absicherung, nicht aber den Vollzug der Ehe beinhaltete. Eine vergleichbare Bedeutung kommt dieser Zeitehe heute auch in streng religiösen Haushalten zu. Dem Gläubigen ist es verboten, eine ihm nicht vertraute Person, die also nicht zur Familie gehört, unverschleiert zu sehen. Mit dem Abschluß einer Zeitehe werden Hausangestellte zu »vertrauten« Personen; das macht im täglichen Ablauf vieles leichter, ohne daß dabei die Vorschriften des Korans durchbrochen werden.

So erklärbar diese Einrichtung auch ist, so wenig läßt sie sich mit dem Anspruch aufgeklärter Iranerinnen nach Gleichberechtigung in Einklang bringen. Doch ihr öffentlicher Protest, damals furchtlos vorgetragen, nutzte nichts. Die Demonstrationen der Frauen wurden brutal niedergeknüppelt – nicht von revolutionären Ordnungseinheiten, sondern von einem fanatisierten Mob, den der Klerus immer dann auf die Straße hetzte, wenn der angebliche Volkszorn gefragt war. Hezbollahi heißen diese islamischen Schlägertrupps, die sich aus den Jugendlichen der Slums rekrutieren. »Zügellose Frauen sollen hingerichtet werden«, brüllten am Rande der damaligen

Frauendemonstrationen diese Hezbollahi. »Erschießt die Huren der Amerikaner jetzt«. Damit hat die Gemeinschaft der Gläubigen gesprochen, meinte anschließend Ayatollah Khomeini und beharrte künftig noch unerbittlicher auf seinem Schleierzwang. Zum Tag der Frau im Iran beklagte er einmal das Schicksal der Frauen im Westen. Deren Not und Elend seien entsetzlich. Sie seien nur »Objekte des Vergnügens«, was im absoluten Gegensatz stehe zu der ehrenhaften und respektvollen Haltung, die man im Islam der Frau gegenüber einnehme: »Im Westen herrscht eine Kultur der sexuellen Freiheit und Nacktheit, die dem Mann die Zügel in die Hand gibt, die Frau auszunutzen und zu beleidigen. Diese Gesellschaft hat die Frau auf die tiefste Stufe erniedrigt.«

Heute ist es im Iran gesetzliche Pflicht für die Frau, den Tschador zu tragen. Dies gilt auch für Ausländerinnen. Durch die Straßen patrouillierende Angehörige eines islamischen Sittenkommitees, wachen streng über die Einhaltung des Gebotes. Die bei Nichtbeachtung angedrohten Strafen sind hart, noch schlimmer aber ist die Unsicherheit jener Frauen, die mit einer Lockerung der Kleiderordnung die liberalen Grenzen der Islamischen Republik ausloten wollen. Zentimeterweise wird das Kopftuch nach hinten geschoben oder auch nur weniger streng gebunden, so daß der Haaransatz sichtbar wird. Das geht jeweils einige Zeit gut, dann schlagen die islamischen Sittenwächter wieder voll zu. Dabei kommt es keinesfalls zu Verhaftungen oder gar Anklagen, die Frauen werden vielmehr von den in ihren sittlichen Gefühlen verletzten Fanatikern auf der Straße angegriffen, in der Öffentlichkeit beziehen sie Prügel oder man zerschneidet ihnen die Gesichter. Auf Hilfe anderer Passanten können sie dabei nicht rechnen. Wegzuschauen ist inzwischen als eine staatspolitische Tugend verinnerlicht worden. Sich bloß nirgendwo hineinziehen zu lassen, lautet die Devise. Und die Ordnungskräfte machen erst recht die Augen zu. Sollen diese Frauen doch nicht so unverschämt provozieren, sagen sie, dann passiert ihnen auch nichts. Wann immer in zyklischen Abständen dieses Strafgericht der Straße stattindet, werden im ganzen Iran sofort Schleier und Kopftücher wieder bis tief in die Stirn geschoben, kurz darauf beginnt der nach

Zentimetern geführte Kampf um mehr Freiraum wieder aufs neue.

Die Mullahs irritiert dies alles nicht. »Der Islam weiß, was für die Frauen am besten ist«, sagen sie ungerührt und verweisen auf den Koran, in dem es heißt: »Männer sollen vor Frauen bevorzugt werden, weil sie für diese verantwortlich sind, weil Allah auch die einen vor den anderen mit Vorzügen begabte. Rechtschaffene Frauen sollen gehorsam, treu und verschwiegen sein, damit auch Allah sie beschütze. Denjenigen Frauen aber, von denen ihr fürchtet, daß sie euch durch ihr Betragen erzürnen, gebt Verweise, enthaltet euch ihrer, sperrt sie in ihre Gemächer und züchtigt sie. Gehorchen sie euch aber, dann sucht keine Gelegenheit gegen sie zu zürnen: denn Allah ist hoch und erhaben« (Koran, Sure 4/35). Die iranische Mullah-Gesellschaft ist eine Männerwelt. Obwohl schon vor dem iranisch-irakischen Krieg mehr als die Hälfte der Bevölkerung weiblichen Geschlechts war, entsprach es einem vom Koran abgeleiteten männlichen Selbstverständnis, im Zusammenhang mit Frauen immer nur von einer Minorität zu sprechen. Weil, wie ein Ayatollah in der heiligen Stadt Ghom es einmal definierte, »die Mehrheit nicht dadurch ermittelt werden kann, daß man Menschen wie Eier oder Gurken zählt«. Im Islam müsse vielmehr die gesellschaftliche Bedeutung des Einzelnen gewichtet werden. So entstehe eine qualifizierte Gleichberechtigung zwischen den Geschlechtern. Aus diesem Denken leiten die Mullahs das Recht ab, als einen wichtigen Erfolg ihrer Revolution die Befreiung der Frau zu nennen. Sie werden nicht müde zu betonen, daß es den Frauen heute besser geht als zu Schahs Zeiten. Schließlich stünden ihnen in der Islamischen Republik alle Berufe offen, nur drei Ausnahmen gebe es: Eine Frau könne nicht Präsident der Republik werden, auch niemals Vorbeterin beim Freitagsgebet und sie könne das Richteramt nicht ausüben.

Begründung: Für diesen soviel Klugheit und Abstand erfordernden Beruf sind Frauen zu emotional veranlagt. Eng verbunden mit der neuen Rollenzuweisung für die Frau ist die von der islamischen Geistlichkeit angestrebte Geschlechtertrennung in der Öffentlichkeit. Sie ist inzwischen bereits weitgehend durchgesetzt und hat mehr als alles andere das tägliche Erscheinungsbild des Iran verändert.

In der islamischen Welt ist der Freitag der arbeitsfreie, heilige Tag der Woche, an dem die Gläubigen zum gemeinsamen Gebet pilgern, bei dem der Vorbeter nicht nur Koraninterpretationen anzubieten hat. Aufgrund der göttlich vorgegebenen Einheit von geistigem und weltlichem Leben, von Religion und Politik, ist das Freitagsgebet eine günstige Gelegenheit, um im Lichte des Korans auch weltliche Probleme zu diskutieren: Regierungsmaßnahmen werden besprochen, gesellschaftliche Fehlentwicklungen angeprangert, außenpolitische Erklärungen abgegeben. Es wird aber auch mit Wortfechtereien der interne Machtkampf ausgetragen. Vor allem aber dient das Freitagsgebet der politischen Bewußtseinsbildung und der Konzentration der Massen auf Allah. Den gläubigen Moslems war dieses Gebetstreffen immer eine heilige Verpflichtung. In den ersten Jahren nach der Revolution strömten deshalb vor allem zum Freitagsgebet auf dem Campus der Teheraner Universität Hunderttausende – aus Glaubensgründen die einen, wegen ihrer politischen Sympathie mit der Revolution die anderen. Mit Ausnahme des gebrechlichen Ayatollah Khomeini waren bei diesem Freitagsgebet in Teheran alle versammelt, die den schiitischen Klerus und damit den kämpferischen Islam und die Revolution repräsentierten. Diese großen Massenveranstaltungen gehören inzwischen der Vergangenheit an. Heute kommen nur noch einige tausend Menschen, viele von ihnen werden mit Bussen aus der Provinz herangekarrt. Die Teilnahme am Freitagsgebet ist ein Gradmesser für die Unterstützung, die der Klerus bei seiner Revolutionspolitik noch hat. Zwar hat sich vieles in den letzten Jahren freitags auf dem Campus der Universität verändert, aber eines ist geblieben: die Trennung von Männern und Frauen beim Gebet. Auf dem Hauptplatz, an dessen Kopfende das Rednerpodest für den Vorbeter steht, lassen sich barfüßig die Männer nieder. In einer Seitenstraße sitzen die verschleierten Frauen, um zu beten. Platz und Straße werden durch große Zeltplanen voneinander getrennt, die jeden Sichtkontakt unmöglich machen. Das Freitagsgebet selbst wird für die Frauen per Lautsprecher übertragen, von der religiösen Zeremonie sehen sie nichts. Sie können nicht einmal einen Blick auf ihre Männer werfen. Sie sind ausgeschlossen, nicht wert, gemeinsam mit ihnen die Hilfe Allahs zu erflehen.

Die Geschlechtertrennung beim Freitagsgebet, die dort kraft religiöser Autorität problemlos durchgesetzt werden konnte, diente als Vorbild für die Organisation des allgemeinen, öffentlichen Lebens. Hier genügen freilich die religiösen Anweisungen nicht; die Trennung der Geschlechter mußte teilweise mit Gewalt durchgesetzt werden. Und da die Iranerinnen dazu neigen, die Gebote immer wieder zu durchbrechen, wurden auch hier bewaffnete islamische Sittenwächter als Kontrolleure mobilisiert.

Das ganze begann eher harmlos. Wenige Monate nach dem Sturz des Schahs kam für die meisten überraschend ein Dekret des obersten Teheraner Revolutionsgerichts heraus, das die Arbeit der Friseure betraf: »Hiermit werden alle Herren- und Damenfriseure – das heißt, Männer, die Frauenhaare schneiden und Frauen, die Männerhaare schneiden, aufgefordert, dies zu unterlassen. Es handelt sich dabei um einen Verstoß gegen die heiligen Prinzipien des Islam und um eine Beleidigung im Angesicht Gottes. Wer diesen Befehl mißachtet und mit dem gotteslästerlichen Haarschneiden fortfährt, wird angeklagt und mit den härtesten Strafen belegt. Sein Vermögen wird eingezogen.« Wie die Frauen bei der Schleierverordnung, so muckten die Friseure gegen diesen Erlaß auf. Ihr Hinweis darauf, daß die meisten Friseure Armenier waren und somit nicht an die Vorschriften des Korans gebunden, interessierte niemanden. Der Protest wurde vielmehr gewaltsam niedergedrückt. Der Auftakt für eine konsequente Trennung der Geschlechter in der Öffentlichkeit war damit geschaffen. Weitere, für den westlichen Besucher skurril anmutende Schritte folgten. An den Stränden des Kaspischen Meeres wurden plötzlich Holzpfähle in den Boden gerammt und daran befestigte Zeltplanen bis weit ins Wasser hinein gespannt. Weder beim Schwimmen noch beim Sonnenbaden soll ein Blick auf das andere Geschlecht fallen. Selbst Ehepaare müssen seitdem getrennt baden gehen. Schwimmbäder wurden geschlossen, selbst in den extrem heißen Sommermonaten können auch die Swimming Pools der großen Hotels am Persischen Golf nicht mehr benutzt werden. Zunächst hatte man es noch mit unterschiedlichen Badezeiten für Männlein und Weiblein versucht, doch die gestrengen Sittenwächter erkannten bald, daß von irgendeinem Hotelzimmer aus immer noch ein Blick möglich war. Daraufhin wurden auch die Hotelpools ganz geschlossen. In der Lobby eines Hotels kann es dem Gast passieren, daß er freundlich, aber bestimmt an einen anderen Tisch gebeten wird, dann hat er sich versehentlich in der den Frauen reservierten Sektion niedergelassen. Auch gemeinsames Fernsehen in der Hotellobby ist nicht mehr möglich. Es gibt Apparate für Männer und, abseits davon, welche für Frauen. In vielen Restaurants ist heutzutage ein Bereich den Männern vorbehalten, ein zweiter den Frauen und ein dritter Familien. Sogar Hochzeitsfeste müssen, sofern sie nicht privat im eigenen Haus arrangiert werden, getrennt stattfinden. In einem Raum feiern die Männer mit dem Bräutigam, im anderen die Frauen mit der Braut. Bei vielen Behörden gibt es zwei Warteschlangen, denn auch hier gilt die Geschlechtertrennung. Beim Sport bilden diese Vorschriften eine fast unüberwindliche Hürde. Gemeinsame Sportarten, etwa ein gemischtes Doppel beim Tennis, sind ohnehin strikt verboten. Beim Skifahren im Elbrusgebirge schließlich führt die strenge Geschlechtertrennung zu einem Ergebnis, das weltweit einmalig sein dürfte:

Dizin heißt der bekannteste Skiort im Iran. Eine gute Autostunde von der Hauptstadt Teheran entfernt liegt er inmitten eines Bergpanoramas, das man als Europäer nur mit Neid bestaunen kann. Gleich mehrere Monate lang gibt es im Elbrusgebirge einen garantiert strahlend blauen Winterhimmel und Pulverschnee. Eine unglaubliche Schlammstraße, die wegen der unbefestigten und steil abfallenden Hänge zudem lebensgefährlich ist, führt einen Bergbach entlang und durch bettelarme Dörfer hinauf zu dem über 3000 m hoch gelegenen Skigebiet, das einst dem Schah und seinen Hofschranzen vorbehalten war. Doch der Kaiser hatte die Armut nie gesehen und sich auch nie den abenteurlichen Paß hinauf gequält – per Hubschrauber ließ er sich in die verschneite Bergwelt von

Iranische Gleichberechtigung:
Durch den Tschador verhüllt – Aber eine Säule der
Revolution.

(Keystone)

Dizin fliegen, in der spitzgieblige Chalets, ein glänzend ausgebautes Pistennetz, modernste Kabinenbahnen und Sessellifte einen Hauch von Luxus vermitteln, der nicht zur neuen Islamischen Republik passen will. Dizin ist ein wahres Skiparadies, aber eben: ein islamisches. Weil auch hier Frauen und Männer nicht gemeinsam sporteln dürfen, wurden die Pisten getrennt. Komitee-Mitglieder, die Maschinenpistole unterm Arm, achten darauf, daß die beiden Geschlechter verschiedene Pisten benutzen, die gegenseitig nicht einsehbar sind. Drei Abfahrten sind dabei den Männern, eine ist den Frauen vorbehalten. »Natürlich wollen auch hier Geschwister oder Ehepaare zusammen fahren«, erklärt eine junge Iranerin, »aber so ist die Regierung nun einmal, wir sind gezwungen, getrennt den Berg herunterzusausen. Auch an der Talstation und in den Hütten können wir nicht zusammensein. Höchstens, wenn es sich um unseren Vater handelt. Aber bereits andere männliche Verwandte – ein Cousin beispielsweise – müssen in einem extra Raum sitzen.« Die junge Frau sprachs und jagte dann im Schuß wie eine Fledermaus die Abfahrt hinunter – denn islamisch ist auf diesen Pisten nicht nur die Geschlechtertrennung, gottgefällig ist auch die Kleiderordnung. Fast alle Skifahrerinnen tragen, weil im Iran Skifahren ein Sport der Oberschicht ist, todschicke europäische Rennanzüge; Ski und Schuhe sind ebenfalls vom Besten. Darüber haben die Frauen aber einen schwarzen Schleier gezogen, der nur das Gesicht mit der großen Skibrille unverhüllt läßt. So geht es dann mit dem im Wind knatternden Schleier ab gen Tal. Die Männer fahren in normaler Ausrüstung, sie tragen den islamischen Abfahrtslauf mit Fassung. »Wir sind jetzt schon daran gewöhnt«, sagt ein junger Mann. »Wir schauen weder nach den Frauen noch nach den jungen Mädchen, uns gehts allein ums Skifahren. Jeder paßt sich schließlich der Umgebung an, in der er aufwächst. Seit zehn Jahren haben wir hier revolutionäre Verhältnisse, wir kennen es nicht anders.«

Deshalb stört es sie auch nicht mehr, daß selbst der früher so beliebte ›Einkehrschwung‹ den islamischen Vorschriften zum Opfer gefallen ist: Denn natürlich gilt auch auf den Skihütten striktes Alkoholverbot.

Nachrevolutionärer Machtkampf

Anfang Februar 1979 war es soweit. Der monatelange Generalstreik hatte das öffentliche Leben im Lande paralysiert. Jede innere Ordnung war zusammengebrochen. Mit dem Ministerpräsidenten Shapour Bakhtiar, der noch vom Schah auf amerikanischen Druck hin eingesetzt worden war und der heute in Paris im Exil lebt, hatte der Iran zwar formal noch eine Regierung. Doch die war machtlos, ihre Weisungen wurden von niemandem mehr befolgt. Ayatollah Khomeini hatte sie für illegal erklärt. Millionen Menschen, die jetzt fast täglich demonstrierend durch die Straßen zogen, sahen es ebenso. Als letztes Bollwerk standen noch die kaiserlichen Garden, die Eliteeinheiten des Schahs, und es stand noch die Armee. Auf sie vertrauten vor allem die Amerikaner, die lange gezögert hatten, ob sie die Rückkehr des greisen Ayatollah in seine Heimat zulassen oder aber ob sie den Plan des CIA befolgen sollten, Khomeini noch im Pariser Exil ermorden zu lassen. Am Ende entschied man sich für seine Rückkehr.

Denn Washington glaubte, noch eine letzte Trumpfkarte für alle Fälle in der Hand zu haben: den Militärputsch. Der stellvertretende Kommandierende der US-Streitkräfte in Europa, General Robert E. Huyser, wurde in das umkämpfte Teheran der Revolution geschickt, um die entsprechenden Vorbereitungen zu treffen. Doch statt einer intakten Truppe und einem entschlossenen Generalstab traf der militärische Feuerwehrmann Washingtons auf eine Armee, die an einen aufgeregten Hühnerhof erinnerte: Von Selbstzweifeln geplagt und von Angst geschüttelt, arbeitete die iranische Generalität keinesfalls an Strategien zur Eindämmung der Revolution, sondern machte sich ausschließlich Gedanken darüber, wie sie die eigene Haut retten konnte. Eine Gruppe versuchte dies mit einer Neutralitätserklärung im Konflikt zwischen der Regierung und den Revolutionären, andere flohen ins Ausland. Die korrupte persische Generalität, immer stramm an der Seite Washingtons, solange es etwas zu verdienen gab, erwies sich in der Stunde der Not als kampfunfähig. Die Millionen von Menschen, die furchtlos auf den Straßen protestierten, hatten die hochgerüstete kaiserliche Armee hilflos gemacht. Selbstauflösungserscheinungen zeichneten ein Offizierskorps, das nur noch nach Wegen suchte, den eigenen Kopf aus der Schlinge zu ziehen. Und die einfachen Soldaten weigerten sich, weiter auf ihre Landsleute zu schießen. Jahrzehntelang war die Armee des Schahs wie selbstverständlich ein Befehlsempfänger der Amerikaner gewesen; jetzt aber, da man auch in Washington keine klare Linie mehr hatte, zeigte sich die einst so gefürchtete Truppe als orientierungsloser Haufen. Eigenverantwortung zu übernehmen, selbst politisch und militärisch initiativ zu werden, hatte man nicht gelernt. Nationale Minderwertigkeitskomplexe kamen hinzu. Die historische Stunde schien gekommen zu sein, da man sich der oft als beleidigend empfundenen amerikanischen Bevormundung entziehen konnte.

Der Umsturz selbst vollzog sich daher relativ unblutig. Zum Teil lief die Armee zur Opposition über, zum Teil löste sie sich selbst auf. Die Revolution des Ayatollah Khomeini hatte gesiegt. Doch kaum jemand im Iran mochte es glauben: Daß das Schah-Regime wie ein morsches Haus in sich zusammenstürzte, verwunderte niemanden. Daß aber die Amerikaner all dies tatenlos hinnehmen würden, erschien vor dem Hintergrund der eigenen Erfahrungen unvorstellbar. Nur einer glaubte daran: Ayatollah Khomeini. Während sich die weltanschaulich, aber auch religiös unterschiedlich ausgerichteten Oppositionsgruppen nach dem Umsturz auf eine imaginäre amerikanische Intervention vorzubereiten begannen, konsolidierte der Ayatollah bereits seine Macht im Inneren. Als die bürgerliche Opposition dann bemerkte, daß die Gefahr gar nicht von außen, sondern von innen drohte, war es für sie bereits zu spät.

Als die Amerikaner schießlich in einer fast schon hilflosen Geste gar versuchten, sich mit dem Ayatollah zu arrangieren und so ihren Einfluß im Lande doch noch zu retten, brach für die meisten Iraner ein Weltbild zusammen. Denn für Washington, das war aus iranischer Sicht völlig klar, mußte Khomeini der denkbar ungeeignetste Bündnispartner sein. Neben seinem unerschütterlichen schiitischen Glauben und seiner Vision einer vom Westen und vom Osten unabhängigen Islamischen Republik war gerade sein Antiamerikanismus die entscheidende politische Triebfeder. Washington stand für die als dekadent empfundene kulturelle Überfremdung des Landes, stand für politische Abhängigkeit und nationale Erniedrigung, war die Inkarnation der Ungläubigkeit und Verderbtheit auf Erden. Die USA waren Folterer und Mörder zugleich, verantwortlich für alles Leid auf dieser Welt. Ayatollah Khomeini sprach vom »Satan Amerika«: Er meinte das so und er handelte später auch danach.

Zunächst einmal aber brach im Iran die große Freiheit aus. Wochenlang feierten die Menschen den Sieg der Revolution und damit den Zusammenbruch der Monarchie auf den Straßen. Euphorie machte sich breit, nach Jahrzehnten einer harten Diktatur wurde die zurückgewonnene politische Freiheit in vollen Zügen genossen. Was während der Schah-Zeit mit der Todesstrafe bedroht war, erschien in den ersten Monaten nach der Revolution als selbstverständlich: Hitzige politische Diskussionen wurden öffentlich geführt, politische Organisationen waren wieder zugelassen. Tages- und Wochenzeitungen schossen wie Pilze aus dem Boden. Im Iran gab es plötzlich eine wirkliche Pressefreiheit – für die meisten bis dahin völlig unvorstellbar. Monate des Glücks hatten begonnen, der Ayatollah schien sein in Paris gegebenes Versprechen einzulösen: »Rede- und Meinungsfreiheit gehören zu den elementarsten Rechten der Menschen, unter keinen Umständen dürfen diese Rechte angetastet werden. Alle ethnischen und religiösen Minderheiten müssen das Recht haben, ihren nationalen und religiösen Zielen frei nachzustreben.« Daß schon in den Wochen nach der Revolution die erste Hinrichtungswelle über das Land hinwegging, störte niemanden – abgesehen von den Betroffenen. Mit der unerbittlichen Aburteilung der verantwortlichen Militärs, mit der Verhaftung der Führungsriege des früheren Geheimdienstes SAVAK und mit der Anklage gegen die politischen Repräsentanten des früheren Regimes widerfuhr nach allgemeinem Volksempfinden all jenen Gerechtigkeit, die jahrelang die Unterdrückungspraktiken des Schahs hatten ertragen müssen. Tausende verschwanden damals in den Gefängnissen oder wurden gleich vor ein Erschießungskommando gestellt. Millionen Iraner freuten sich darüber, empfanden auch die härteste Strafe noch als gerecht. Eigens gebildete Revolutionsgerichte, Kommitees in den einzelnen Stadtteilen und in den Dörfern sowie die Revolutionsgarden verrichteten diese blutige Arbeit. Ayatollah Khomeini hatte immer wieder versichert, nach der rechtlichen und politischen Aufarbeitung der Vergangenheit würden diese Revolutionseinheiten wieder aufgelöst. Ein Versprechen, das schließlich von ihm nicht gehalten wurde. Die Revolutionsgerichte, die Garden und die Komitees wurden gesetzlich abgesichert. Heute hat sich das revolutionäre Provisorium zu einem institutionalisierten Unterdrückungsapparat einer neuen Diktatur gewandelt.

Damals, in den ersten Monaten nach der Revolution, konnte sich diese Entwicklung aber kaum jemand vorstellen. Vor allem das bürgerliche Lager glaubte nicht an eine revolutionäre Übergangsphase, es wähnte sich bereits am Ziel aller politischen Wünsche. Der Schah war gestürzt, das war gut so, aber weiter könnte und würde es ja wohl nicht gehen. Die Freiheit war erreicht, jetzt sollte sie mit demokratischen Strukturen abgesichert werden. Der Mittelstand war dem wirtschaftlichen Würgegriff des früheren Systems entkommen, jetzt sollte die eigene wirtschaftliche Entfaltung beginnen. Für das bürgerliche Lager war im Iran nicht das Wirtschaftssystem, sondern das politische System des Schahs gescheitert. Zweifel an der Richtigkeit einer Marktwirtschaft wurden hier nicht laut. Nach dem Verständnis des Mittelstands und der Oberschicht hatten der islamische Klerus und damit Ayatollah Khomeini ihre historische Rolle ausgespielt. Vorsichtig begann man, sich von dem fundamentalistisch-islamischen Kurs der Geistlichkeit abzusetzen.

Die politische Linke, in der Nationalen Demokratischen Front zusammengefaßt, begann, ihre Forderungen an den neue Staat zu formulieren. Demokratische Strukturen verlangte sie, zugleich aber eine grundlegende sozialistische Umgestaltung der iranischen Wirtschaft. Noch glaubte die Linke daran, daß es Ayatollah Khomeini ernst gemeint hatte, als er vor seiner Rückkehr in den Iran schwor, daß weder er noch ein

Personenkult als Machtkalkül:
Der Imam begeisterte die Massen und nutzte sie für
seine Politik.

(dpa)

anderer aus der Geistlichkeit jemals im Iran ein Staatsamt übernehmen würden. Das war eine entscheidende Voraussetzung für die Linke, die während der Revolution nicht nur eine theoretische, sondern bei den Straßenkämpfen auch real eine bedeutende bewaffnete Rolle gespielt hatte. In ihrem politischen Weltbild, dem der Iran jetzt angepaßt werden sollte, gab es keine politische Rolle für die islamische Geistlichkeit. Sie sollte danach der Gesellschaft den moralischen und religiösen Rahmen geben, die konkrete Politik aber sollten die Mullahs anderen überlassen.

Schließlich gab es auch innerhalb des islamischen Lagers selbst Differenzen: Die Geistlichkeit zerfiel in ein fundamentalistisch-revolutionäres Lager und ein traditionsgebunden-konservatives: eine Gruppenbildung, die bis heute nicht überwunden worden ist. Der Machtkampf um die Nachfolge von Ayatollah Khomeini wird nicht erst seit seinem Tod zwischen diesen beiden Fraktionen mit allen erdenklichen Mitteln ausgetragen, sondern er ist auch die Erklärung für immer wieder neue und oft nur schwer nachvollziehbare Brüche in der iranischen Politik. Differenzen gab es aber auch zwischen den politischen Gruppierungen, die sich dem Islam verpflichtet fühlten. Vor allem die Mudjahedin, die während der Revolution die aktivste Rolle gespielt hatten, muckten auf: Sie erkannten die geistige Autorität von Ayatollah Khomeini an und hatten gegen seinen revolutionären Führungsanspruch nichts einzuwenden. Doch sie richteten sich gegen das fundamentalistische islamische Lager, weil dessen überkommenes Islamverständnis und dessen dogmatische Auslegung des Korans ihren Zielen entgegenstanden: einer sozialrevolutionären Umgestaltung des Iran im Namen des Propheten. Diese Mudjahedin waren es, die später – von den Gefolgsleuten Khomeinis brutal in den Untergrund gedrängt – das Land mit einem blutigen Bombenterror überzogen. Nach einer Zwischenstation in Paris leisten die Mudjahedin heute von Bagdad aus Widerstand gegen das Regime der Mullahs und sind inzwischen zum Wortführer der iranischen Auslandsopposition aufgestiegen.

In jener Zeit aber, in den ersten Wochen nach dem Umsturz, wurde deutlich, was politische Beobachter vorher schon erwartet hatten: Der revolutionäre Sieg über die Monarchie im Iran besiegelte zugleich die Geschlossenheit der revolutionären Bewegung. Die gegen den Schah gerichtete Ablehnungsfront hatte ihre politische Daseinsberechtigung verloren, denn allein der Haß auf den Schah hatte sie vereint: Großbürgerliche und Marxisten, strenggläubige Moslems und Kommunisten, schwerreiche Basarhändler und die Barfüßigen des Lumpenproletariats. Nun war das gemeinsame Ziel erreicht. Jede Gruppe begann jetzt, sich entsprechend den eigenen politischen Zielvorstellungen gesellschaftlich zu organisieren. Im Iran hatte der nachrevolutionäre Machtkampf begonnen, weil diese politischen, religiösen und ideologischen Gegensätze voll aufgebrochen waren. Ayatollah Khomeini, dessen politische Gefolgschaft sich in der neugegründeten Islamischen Republikpartei sammelte, herrschte uneingeschränkt über die Massen auf der Straße. Die ihm entgegengebrachte Verehrung war beeindruckend. Ein Wort des greisen Revolutionsführers genügte, um Millionen von Menschen zu mobilisieren. Diese Sympathiewelle, von der der Ayatollah in der ersten Zeit nach der Revolution getragen wurde, hatte zugleich aber auch ein durchaus politisches Fundament. Jetzt zahlte es sich für die Religiösen aus, daß die Mullahs in ihren Moscheen die Organisation der Revolution kontrolliert hatten. Ihr Organisationsmonopol erwies sich nach der Revolution als Machtfaktor. Die Armee galt als unzuverlässig und war bereits durch die dem Ayatollah persönlich verpflichteten Revolutionsgarden ersetzt worden. Die traditionelle Justiz wurde durch neueingerichtete Revolutionsgerichte abgelöst, kommunale Verwaltungen durch Revolutionskomitees. Zudem verfügte Khomeini über die Barfüßigen aus den Slums, die sich zwar nicht politisch organisiert hatten, aber immer bereit waren, kräftig zuzuschlagen und angeblich spontan dort auszurücken, wo es galt, dem heiligen Wunsch des Revolutionsführers handgreiflich Nachdruck zu verleihen. Diese Machtstrukturen, auf die sich Khomeini damals blind verlassen konnte, machten seine unüberwindliche Stärke im nachrevolutionären Machtkampf aus. Sie waren zugleich Grundlage dafür, daß die schon bald folgende Ausschaltung aller ihm nicht bedingungslos ergebenen

Gruppierungen relativ reibungslos erfolgen konnte. Khomeinis Waffe war dabei das Wort. Schon die Andeutung, bei strittigen Fragen die Massen für seine islamischen Ziele zu mobilisieren, genügte, um seine Gegner mundtot zu machen, in den Untergrund zu drängen oder verschreckt aus dem Lande fliehen zu lassen.

Inhaltlich entzündete sich der Konflikt an der Frage nach der neuen Staatsform, über die eine Volksabstimmung entscheiden sollte. Dabei gingen die Vorstellungen weit auseinander. Ganz einfach nur eine Republik wollten die einen, eine demokratische oder auch islamisch-demokratische Republik die anderen. Selbst innerhalb des Klerus gingen die Meinungen auseinander. Eine Gruppe liberal-islamischer Geistlicher forderte, die Wahl der künftigen Regierungsform dem Volk selbst zu überlassen. In dieser Phase bewies Ayatollah Khomeini, daß er ein geistlicher Führer mit einem ausgeprägten weltlichen Machtinstinkt war. Bevor die Diskussion über die neue Staatsform ausufern oder gar eine gefährliche Eigendynamik entwickeln konnte, setzte der Revolutionsführer ihr ein Ende: »Wenn diese Leute Republik sagen oder demokratische Republik oder demokratisch-islamische Republik, dann fordern sie genau das, was unsere Feinde wünschen. Sie wollen keinen Islam. Wir aber haben unser Blut nicht für das vergossen, was die Linken oder die Rechten wollen.«

Monarchie oder Islamische Republik lautete schließlich die von Khomeini selbst festgelegte Alternative bei der Volksabstimmung. Wer gegen den Schah und die Monarchie war, und das war die überwältigende Mehrheit der iranischen Gesellschaft, der konnte in diesem Fall nur für die Islamische Republik sein. Die Rechnung Khomeinis ging auf, sein Sieg bei dieser Volksabstimmung war vollkommen. »Weder Ost noch West – sondern Islamische Republik« hatte seine Revolutionsparole gelautet. Zwei Monate nach dem Zusammenbruch des Pfauenthrons hat er sie eingelöst. Die Islamische Republik, in der allein die göttlichen Gebote des Korans die Richtschnur allen menschlichen Handelns sein durften, war geboren. Zugleich unterstrich Ayatollah Khomeini hier erneut seinen totalen Herrschaftsanspruch, der am Ende dieses revolutionären Jahres 1979 dann auch verfassungsmäßig festgeschrieben wurde. Sein Wort galt, seine Entscheidungen kamen einem letztinstanzlichen Gottesurteil gleich. Kompromißlos hielt er an ihnen fest. Teilerfolge zählten für Khomeini nicht, immer mußte es der ganze Sieg sein. Wann immer seine Berater zum Kompromiß rieten, war er es, der hart blieb. Das war schon während der Revolution so gewesen, als sich viele mit der Vertreibung des Schahs zufriedengeben wollten. Nicht so der Ayatollah. Ihm ging es nicht nur um den Sturz der Monarchie, sondern zugleich um die Errichtung dieser Islamischen Republik. Er, der sich als der politische Willensvollstrecker Gottes auf Erden verstand, war nicht auf den weltlichen Rat anderer angewiesen. Unbeirrbar, ja stur ging er seinen Weg, machte heute möglich, was gestern noch unvorstellbar schien. Aus dieser konsequenten Haltung und aus den damit erzielten Erfolgen leitete sich die ungeheure Autorität ab, die der greise Revolutionsführer bei den islamischen Politikern wie auch im Volk hatte. Hieraus resultierte die ihm entgegengebrachte Verehrung, auch seine Fähigkeit, binnen Minuten Millionen Menschen auf den Straßen für sich zu mobilisieren.

Kaum in den Iran zurückgekehrt, ernannte er im Alleingang den strenggläubigen Moslem, aber liberalen Politiker Mehdi Bazargan zum ersten Ministerpräsidenten der zu diesem Zeitpunkt noch gar nicht gegründeten neuen Republik. Es gab keinen Widerspruch. Der Ayatollah hatte es geschafft, sich zum Oberschiedsrichter der Nation zu machen, zu einer allen weltlichen Einrichtungen übergeordneten göttlichen Instanz. Sie wurde akzeptiert, bei seiner Entscheidung über die neue Staatsform ebenso wie bei der sich anschließenden Diskussion über die neue Verfassung. Bei Meinungsverschiedenheiten über einzelne Verfassungsartikel entschied der Ayatollah alleine, ein Widerspruchsrecht gab es nicht. Auch wer später dann bei den Präsidentschaftswahlen von den rund 200 Bewerbern für dieses Amt kandidieren durfte, entschied wieder einer allein: Ayatollah Khomeini. Und schließlich war er es auch, der wiederum allein und letztinstanzlich verfügte, wer bei den ersten Parlamentswahlen auf der Kandidatenliste stehen durfte und wer nicht. Im Volksentscheid siegten die Anhänger der

Islamischen Republikpartei, und in der neuen Verfassung wurde die »Herrschaft des Gottesgelehrten« festgeschrieben. Und damit konnte Khomeini dem von ihm geschaffenen neuen System und seiner Art zu führen, einen Anschein von Legalität vermitteln. Von Diktatur zu sprechen, wagte niemand. Der Iran war zu einem Gottesstaat auf Erden geworden, in dem die vom Propheten Mohammed weitergegebene und im Koran niedergeschriebene göttliche Ordnung herrscht. Wer für die Ausführung der göttlichen Gesetze auf Erden sorgt, ist kein Diktator, sondern ein Diener Gottes und damit zugleich ein Diener der gesamten islamischen Glaubensgemeinschaft im Iran. Seine Unbeirrbarkeit, die Bedingung für seine Erfolge war, hatte Khomeini den Nimbus des Unbesiegbaren gebracht. Daß seine Ausübung weltlicher Macht mit den Ursprüngen des Islams verknüpft waren, hat dann zusätzlich den Mythos begründet, in dem Ayatollah Khomeini eine von allem Irdischen abgehobene göttliche Instanz repräsentierte.

Die Herrschaft des Gottesgelehrten

»Weder ich noch ein anderer aus der Geistlichkeit werden je ein Staatsamt übernehmen«, hatte Ayatollah Khomeini im Exil verkündet. Zu einem Zeitpunkt, da er vielleicht selbst noch am Erfolg der Revolution zweifelte. Warum diese und andere Aussagen in der späteren Islamischen Republik Makulatur geworden waren, begründete der Ayatollah nach seiner Rückkehr in den Iran in denkbar einfacher Form: »Was gestern richtig war, kann sich schon morgen als falsch erweisen.« Und so ist in der neuen Verfassung des Gottesstaates nicht nur der Islam als die offizielle Religion des Iran verankert, sondern zugleich die übergeordnete Rolle der islamischen Geistlichkeit festgeschrieben, die sie gegenüber allen staatlichen Institutionen spielt. »Die Verfassung der Islamischen Republik Iran«, heißt es in der Präambel, »nennt die Voraussetzungen für die politische, kulturelle und wirtschaftliche Gesellschaft des Iran gemäß den Bestimmungen der islamischen Ideologie. Damit entspricht sie dem herzlichen Willen des islamischen Volkes.«

Die Verfassung selbst lehnt sich eng an das französische

Präsidialsystem an. Ein direkt vom Volk gewählter Staatspräsident, die von einem Ministerpräsidenten geführte Regierung, eine dem westlichen Verfassungsverständnis entsprechende Gewaltenteilung und ein Madschlis genanntes Abgeordnetenhaus, mit dem das frühere Zwei-Kammern-System der Schah-Zeit abgelöst wird. Im Gegensatz zu den westlichen Verfassungen aber wird diesem parlamentarischen System ein schiitisch-islamischer Kontrollapparat übergestülpt, der die verfassungsmäßigen Rechte und Pflichten der drei Gewalten ebenso aufhebt wie die individuellen und politischen Rechte des einzelnen Bürgers.

Dem Gesetzgebungsorgan, also dem Parlament, ist ein aus zwölf Geistlichen bestehender Wächterrat, eine Art islamisches Verfassungsgericht, vorangestellt. Aufgabe dieses Rates ist es zu prüfen, ob die in der Madschlis verabschiedeten Gesetze mit den Grundprinzipien des Korans übereinstimmen. Lehnt der Wächterrat ein Gesetz ab (dabei ist der Entscheidungsspielraum der Geistlichkeit groß, weil der Koran vielfältigen Interpretationen Raum bietet), dann kann es nicht in Kraft treten. Ein Einspruch gegen die Entscheidung des Wächterrates ist in der Verfassung nicht vorgesehen. Dafür legt der Artikel 4 um so genauer fest, daß sämtliche Gesetze aus allen Bereichen auf islamischen Grundsätzen basieren müssen. In den ersten zehn Jahren der Islamischen Republik arbeitete dieser Wächterrat, von Khomeini offenbar bewußt politisch anders zusammengesetzt als das Parlament, keinesfalls als religiöse Schiedsinstanz. Gewappnet mit den Grundprinzipien des Korans blockierte der Wächterrat vielmehr alles, was aus dem Parlament kam und den Aufbau eines modernen Staatswesens vorsah. Mit dem Ergebnis, daß politisch jahrelang überhaupt nichts gestaltet werden konnte. Die dringend erforderliche Wirtschaftsreform blieb ebenso auf der Strecke wie die Landreform, deren Verwirklichung einst eine der zentralen Forderungen der Revolutionsbewegung gewesen war. Fast alle Gesetzesvorhaben des Parlamentes scheiterten so am Einspruch des Wächterrates.

Enscheidend für die politischen Machtstrukturen im heutigen Iran aber ist der Artikel 5 der Verfassung, in dem die absolute Herrschaft des Gottesgelehrten festgeschrieben wird. Es soll dies ein religiöser Führer sein, »der gerecht und gottesfürchtig ist, mit Bewußtsein für die Probleme der Zeit ausgestattet, und mit Mut und Führungsqualitäten«. Kurz: ein Mann wie es Ayatollah Khomeini war. Während der »Abwesenheit des Herren der Zeit« – gemeint ist der im Verborgenen lebende zwölfte Imam Mahdi – soll der Gottesgelehrte nicht nur die religiösen, sondern gemäß dem islamischen Verständnis auch die politischen Geschicke des Landes bestimmen. Sollte eine diesen hohen Ansprüchen genügende Führungsperson nicht gefunden werden, sieht die Verfassung auch die Möglichkeit eines Führungskollegiums vor, das sich aus erfahrenen Geistlichen zusammensetzt.

Der Imam, der Führer, ist allen politischen Entscheidungsinstanzen übergeordnet. Er bestimmt die geistlichen Mitglieder des Wächterrates, ihm fällt die Rolle des Oberkommandierenden der Armee zu, eine Funktion, die er allerdings auch delegieren kann. Er benennt den obersten Richter, den Chef der Revolutionsgarden, die Kommandeure der drei Teilstreitkräfte; er kann den Ministerpräsidenten absetzen und das Parlament auflösen. Er verfügt die Mobilmachung und ist auch dann die letzte Instanz, wenn es um Krieg oder Frieden geht. Ihm werden damit obrigkeitsstaatliche Rechte eingeräumt, von denen selbst der Schah nur hatte träumen können. Der Imam ist, wie es einem Stellvertreter Gottes auf Erden zusteht, allmächtig. Nur eines kann selbst der herrschende Gottesgelehrte nach der Verfassung nicht: ausländische Militärstützpunkte im Iran genehmigen oder ausländische Firmengründungen akzeptieren. Selbst die Beschäftigung von ausländischen Experten, auch das wurde verfassungsmäßig geregelt, muß zuvor vom Parlament abgesegnet werden. In diesen Verfassungspassagen wird die politische Reaktion der islamischen Geistlichkeit auf die früher so schmerzhaft empfundene totale Überfremdung besonders deutlich.

In den ersten Jahren nach der Revolution hatte es der charismatische Revolutionsführer nicht nötig, sich auf seine verfassungsmäßigen Rechte zu berufen. In dem Maße aber, in dem er die Unterstützung der Massen verlor und sich seine vom Volk getragene Revolutionsbewegung zur religiös verbrämten Diktatur einer kleinen Minderheit wandelte, wurde die Verfassung immer häufiger bemüht. Nicht nur gegenüber dem Ausland, sondern auch im Iran selbst wollte man den Anspruch der rechtlichen Legalität nicht freiwillig aufgeben.

Einer der letzten politischen Aufträge, die Ayatollah Khomeini vor seinem Tod der islamischen Geistlichkeit gab, war eine Überarbeitung der Verfassung. Ihm schwebte dabei vor, die Staatsführung zu straffen. Gedacht wird dabei an die Abschaffung des Postens eines Ministerpräsidenten, wodurch die Stellung des vom Volk gewählten Staatspräsidenten gestärkt werden sollte. Der Hintergedanke dabei ist, daß trotz der vom Koran vorgegebenen Einheit von Religion und Politik auf Dauer die religiöse und die politische Führung in der islamischen Republik voneinander getrennt werden sollen. Im Iran spricht man von einer Zwei-Säulen-Theorie: Danach soll die alleinige Verantwortung in allen Religionsfragen bei dem von dem Rat der Weisen ernannten Nachfolger Khomeinis liegen, die politische Gesamtverantwortung aber ausschließlich dem Staatspräsidenten zufallen. Um die geforderte Einheit von Islam und Staat gleichwohl aufrechtzuerhalten, sollte dann, den beiden übergeordnet, das jetzt schon in der Verfassung vorgesehene kollektive Führungsgremium die Herrschaft des Gottesgelehrten ausüben.

Das Ende der Opposition

Bei der Volksabstimmung über die neue Staatsform ebenso wie bei der Verabschiedung der Verfassung hatten sich all jene ausgegrenzt gefühlt, die der Revolution mit zum Sieg verholfen hatten, aber nicht zur bedingungslosen Gefolgschaft von Ayatollah Khomeini gehörten. Obwohl der Imam die Teilnahme an beiden Referenten zur heiligen Pflicht gemacht hatte, boykottierten diese Gruppen offen die Abstimmungen. Die linksislamischen Mudjahedin murrten zwar, hielten aber mit Blick auf das bürgerliche Lager zunächst an der islamischen Solidarität mit dem Revolutionsführer fest, obwohl der sie schon damals mehrfach politisch brüskiert hatte. Das bürgerliche

Lager jedoch begehrte auf, begann sich als die neue Opposition zu definieren. Es war eine gefährliche Entscheidung, deren Konsequenzen – hätte man Khomeinis Worte ernst genommen – durchaus absehbar waren. Es könne nur zwei Arten von Parteien geben, hatte er gesagt, eine Partei Gottes – also die seine – oder aber die Partei des Satans. In seinem politischen Denken gab es keinen Raum für eine geduldete Opposition, erst recht nicht für den demokratischen Anspruch, per Mehrheitsbeschluß über die Ausgestaltung der göttlichen Ordnung zu befinden.

Der Rückschlag ließ nicht lange auf sich warten: Funk und Fernsehen, beide ausschließlich von den Revolutionären kontrolliert, verbreiteten langatmige Reden des Revolutionsführers, in denen er seinen Unmut über die Lage in der neuen Republik artikulierte. Das öffentliche Erscheinungsbild sei nicht islamisch genug. Die Massenmedien orientierten sich nicht genügend an den Worten des Korans. Oppositionelle Gruppen, die im Bund mit dem Satan stünden, demonstrierten auf der Straße. In den Schulen und Universitäten werde immer noch im Geiste der vorrevolutionären Zeit gelehrt; bei vielen Menschen fehle die Glaubensfestigkeit, ohne die die Früchte der Revolution nicht reifen könnten. Jedes Mal verstanden die Hezbollahi, die Barfüßigen aus den Slums, die Worte Khomeinis als Angriffssignal. Unverschleierte Frauen wurden auf offener Straße angegriffen, Bücherläden gingen in Flammen auf, Redaktionsstuben wurden verwüstet. Und wo immer es die neue Opposition noch wagte, sich öffentlich zu zeigen, wurde sie zusammengeknüppelt. Khomeini bedauerte hinterher zwar die Art des Vorgehens, gab aber regelmäßig den Opfern selbst die Schuld: Durch ihr unislamisches Verhalten hätten sie den gerechten Volkszorn provoziert, sie sollten sich daher nicht beklagen. Mit dieser Exculpierung begann die islamische Dampfwalze alles niederzumachen, was sich der religiös-ideologischen Stromlinie entgegenstellte. Funk, Fernsehen und die Zeitungen wurden gleichgeschaltet. Die gerade erst zurückgewonnene Meinungsfreiheit war somit erneut verloren. Nicht gesetzlich, aber de facto wurden die nach der Revolution eingeräumten Bürgerrechte wieder aufgehoben. Unter der

Führung von Ayatollah Khomeini begann die islamische Geistlichkeit, die mit Hilfe des Volkes errungene revolutionäre Macht gegenüber dem Volk abzusichern.

Die Nationale Front, eine von der Mitte bis ins rechte Spektrum hineinreichende politische Sammlungsbewegung, wurde als erste widerstandslos von der nachrevolutionären Bühne gefegt. Die Nationale Demokratische Front, ein Zusammenschluß der politischen Linken, entschloß sich mutig zum politischen Kampf. Im Juni 1979 verfaßt die Gruppierung ein Manifest, in dem der Revolutionsführer kritisiert wurde. Ein Papier, in dem sich zugleich die Verbitterung des linken und des bürgerlichen Lagers über die nachrevolutionäre Entwicklung im Iran widerspiegelte:

»Wir glauben«, hieß es da an die Adresse von Khomeini gerichtet, »daß Ihr Führungsstil nicht so ist wie er sein sollte. Dafür haben wir unsere guten Gründe. Als Sie in den Iran zurückkehrten, erklärten Sie: Ich bin Geistlicher, und weder ich noch die übrige Geistlichkeit werden sich in die Regierungsgeschäfte einmischen. Heute kümmern Sie sich jedoch nicht nur persönlich und direkt um die Innen-, sondern auch um die Außenpolitik. Warum aber haben Sie dann einen Premierminister ernannt und das Volk auch noch darüber abstimmen lassen? Warum haben Sie dann nicht die Regierung gleich selbst übernommen? Es hat sich gezeigt, daß Sie von einer Verschmelzung geistlicher und weltlicher Belange ausgehen. Das ist gut so. Aber als Geistlicher wollen Sie kein ›Wenn und Aber‹ akzeptieren. Weil sich das gegen den Willen Gottes richten würde. Deshalb darf auch das Volk nicht die Freiheit haben, seine Bedenken und Einwände zu artikulieren. Ist das keine Diktatur? Wenn Ihre Stimme die Prinzipien Gottes verkündet, warum brauchen wir dann noch eine Verfassung? Die von Ihnen eingesetzte provisorische Regierung hat sich Ziele gesetzt. Es ging um die Durchführung eines Referendums, um die Erarbeitung eines Verfassungsentwurfs und um die Bildung einer verfassungsgebenden Versammlung. Bekanntlich wurde das Referendum inzwischen durchgeführt. Hätte man dabei wirklich die demokratischen Regeln beachtet, hätte die Islamische Republik dennoch einen triumphalen Sieg errungen. Zumindest einen Versuch wäre es wert gewesen, das Referendum in dieser Form und ohne jeden Druck durchzuführen. Aber dummerweise gab es nach der Auszählung mehr positive Stimmen, als Wahlberechtigte in unserem Land. Eine Gesellschaft, in der die grundlegenden individuellen und sozialen Rechte ebenso wenig garantiert werden wie die Rede- und die Pressefreiheit, die Religionsfreiheit und die freie Wahl des Berufes – solch eine Gesellschaft ist nicht akzeptabel. Ihr Schweigen zu all diesen Dingen bringt unser Volk in ernste Gefahr!«

Zunächst freilich gefährdete das Manifest seine Verfasser und deren politische Freunde. Die Kritik am Führungsanspruch Khomeinis markierte das Ende der Nationalen Demokratischen Front. Die politisch Verantwortlichen gingen kurz darauf in den Untergrund ober aber ins Exil. Schneller als erwartet hatte der Klerus damit jeder bürgerlich-demokratischen Opposition den Garaus gemacht. Der Traum von einem sozialistisch interpretierten Islam, einst Ausgangspunkt der Revolution, hatte ein jähes Ende gefunden. Der Mittelstand und die Oberschicht, soweit sie im Lande geblieben und als Alternative zum Schah auf Demokratie und Marktwirtschaft gesetzt hatten, waren damit ebenfalls ausgeschaltet. Der Richtungsstreit in der neuen Republik, die Auseinandersetzungen um die künftige Wirtschafts- und Gesellschaftsordnung und damit der Kampf um die revolutionäre Macht wurden damit zu einem ausschließlich innerislamischen Problem. Eine Fraktionierung innerhalb des religiösen Lagers begann, Gegensätze wurden plötzlich sichtbar, die verantwortlich waren für all die spektakulären Ereignisse, die dem Iran noch bevorstehen sollten. Der Kampf zwischen den islamischen Falken und Tauben, die fortan mit dem Koran unter dem Arm aufeinander losgingen, diktierte die weitere Entwicklung der Islamischen Republik. Und er bestimmt sie über den Tod von Ayatollah Khomeini hinaus noch heute.

Islamische Strafjustiz

Langsam, beinahe feierlich, steigt der junge Revolutionsgardist die schmale Treppe hinab. Er spricht kein Wort, seine Augen sind voller Tränen. Wir haben den Ort unvorstellbaren Grauens erreicht, den »Keller der Wahrheit« im Teheraner Evin-Gefängnis. Das ehemalige Folterzentrum des Schah-Geheimdienstes SAVAK, wo ungezählte Oppositionelle während der Diktatur grausam gequält, vielfach auch zu Tode gefoltert worden sind. Eine massive Eisentür schließt sich hinter uns. Es wird stockdunkel. Fensterlose Kellergewölbe und meterdicke Betonwände haben verhindert, daß die Schreie der Gefolterten nach außen gedrungen sind. Wer hinter der Eisentür dieser Folterkammer verschwindet, scheint auf immer verloren. Wenige Tage vor unserem Besuch hatten jugendliche Revolutionäre das Gefängnis gestürmt, hatten die zumeist politischen Gefangenen befreit und auch die schweren Türen des »Kellers der Wahrheit« aufgebrochen. Armselige Kreaturen kamen da herausgekrochen, geschunden, verkrüppelt, manche von ihnen einem Menschen kaum noch ähnlich.

Kurz nach dem Umsturz hatten die siegreichen Revolutionäre einige ausländische Beobachter eingeladen, den Ort des Grauens zu besichtigen. Was sonst hätte eindringlicher Zeugnis ablegen können von der Unmenschlichkeit der gerade gestürzten Schah-Diktatur, was hätte den moralischen Anspruch der Revolution eindringlicher untermauern können als die Vorführung dieses entsetzlichen Ortes?

Damals, unmittelbar nach der Revolution, waren die Pläne bereits fertig: Ein Volksmuseum sollte aus dem »Keller der Wahrheit« entstehen, zur Erinnerung an die durchlittene eigene Geschichte, als Mahnmal aber auch für all jene, die an vielen anderen Orten der Welt der gleichen Folter ausgeliefert sind. Aus dem Museum wurde nichts – die Schrecken der Vergangenheit verblaßten, außerdem brauchte man den »Keller der Wahrheit« wieder, so, wie man das ganze Evin-Gefängnis bald wieder benötigte. Erneut ist es voll belegt mit eingekerkerten Oppositionellen, erneut wird dort gefoltert und in Serie hingerichtet. Wieder steht der Name Evin für das Grauen schlechthin. Wie schon während der Schah-Zeit, haben auch heute in der Islamischen Republik Iran die Menschenrechte keine Gültigkeit mehr. Während des Umbruchs hatte ich einen jungen Revolutionär auf der Straße gefragt, ob er das umlaufende Gerücht glaube, daß in den ersten Jahren nach der Revolution die Hinrichtung von über 1000 Personen zu erwarten sei. »Nein«, hatte er geantwortet, »binnen der ersten 48 Stunden werden es 40 000 sein.« Der aufgestaute Haß saß tief, die Revolution wartete nicht nur auf ihren Sieg, sondern auch auf die Abrechnung.

Begonnen hatte alles mit der rechtlichen Aufarbeitung der Vergangenheit. Politische Repräsentanten der einstigen Monarchie und Mitglieder des früheren staatlichen Unterdrückungsapparates wurden verhaftet und hingerichtet, wo immer man ihrer habhaft wurde. Die Beschuldigten hatten dabei keine Chance: Die Revolutionsprozesse, die oft nur wenige Minuten dauerten, fanden hinter geschlossenen Türen statt. Nach dem Urteilsspruch wurden dem Verurteilten noch im Verhandlungsraum die Augen verbunden, dann führte man ihn irgendwo ins Gelände – einen eigenen Hinrichtungsplatz gibt es in den meisten iranischen Gefängnissen nicht – und erschoß ihn. Oft erschien den Richtern das Todesurteil nicht hart genug, dann bekam der Angeklagte vor seiner Hinrichtung noch 100 bis 200 Peitschenhiebe verpaßt. Ein Widerspruch gegen das Urteil war ebenso unsinnig wie eine Berufung unmöglich war. Die Richter – durchweg Mullahs oder Ayatollahs – fällten grundsätzlich sofort die letztinstanzliche Entscheidung. Wieviele Menschen auf diese Weise ihr Leben lassen mußten, ist bis heute nicht bekannt.

Ayatollah Khalkali war der Mann, der sich bei der ersten Hinrichtungswelle einen makabren Namen machte. »Blutscherge« und »Henker« nannte man ihn wegen der Gnadenlosigkeit, mit der er als oberster Richter zu Werke ging. Wieviele Menschen es waren, die er in den ersten Monaten nach der Revolution hinrichten ließ, wußte der Ayatollah selbst nicht mehr genau zu sagen. Mehrere Hundert in jedem Fall, wahrscheinlich sogar weit über Tausend. Khalkali selbst verkündete stolz »daß ich mindestens viermal so viele hingerich-

Islamische Strafjustiz:
In mehreren Säuberungswellen ›entledigte‹ sich das
Regime seiner Gegner.

(Süddeutscher Verlag)

tet habe wie jeder andere Revolutionsrichter«. Seine Opfer waren für ihn Zionisten, Untermenschen, Mikroben in der Gesellschaft, teuflische Elemente, die man ausrotten mußte. »Krieg gegen Gott und Verdorbenheit auf Erden«, lautete in der Regel die Urteilsbegründung. Beide hierzulande nicht bekannten Straftatbestände leiten sich aus den Vorschriften des Korans ab. Danach sind der Schutz des einzelnen Lebens und der des geordneten Lebens der Gemeinschaft die wichtigsten gesellschaftlichen und politischen Aufgaben des Islam. Wer die vom Koran vorgegebene göttliche Ordnung verletzt, muß nach islamischem Rechtsverständnis wie ein gemeiner Mörder bestraft werden. Aus diesem Grund konnte Ayatollah Khalkali sein blutiges Handwerk auch nicht als eine Verunsicherung der Gesellschaft verstehen, sondern als einen selbstlosen Dienst an ihr. Der islamische Geistliche mit dem Gemüt eines Metzgerhundes war davon überzeugt, daß die im Kern gesunde islamische Gemeinschaft von kranken und verruchten Individuen befreit werden mußte. Von »Menschen« war bei ihm im Zusammenhang mit seinen Opfern nie die Rede. Für Selbstzweifel gab es in seinem Denken keinen Raum, weshalb ihn auch die Frage nach einem möglichen Justizirrtum angesichts der Geschwindigkeit der Tötungsmaschinerie keinesfalls erschrecken konnte: »Ich habe in meinem Testament ausdrücklich festgelegt, daß ich nur Schuldige verurteilt habe«, sagte er. »Ich will damit verhindern, daß den Angehörigen der Hingerichteten später doch einmal Zweifel an der Schuld der Hingerichteten kommen könnten.«

In der Bevölkerung wurde die blutige Abrechnung mit den einstigen Repräsentanten der Schah-Zeit als ein zwar harter, aber dennoch gerechter Vorgang empfunden. Eine Revolution ist eben keine wirkliche Revolution, wenn nicht auch Köpfe rollen. Ein Stimmungswandel setzte erst ein, als plötzlich nicht mehr nur Würdenträger des Schah-Regimes unters Fallbeil gerieten, sondern im Namen islamischer Rechtgläubigkeit auch jene, die mit den Moralvorschriften des Korans in Kollision gerieten: Drogenhändler, Prostituierte, Alkoholproduzenten und diejenigen, die man als solche abstempelte. Schon damals war bekannt, daß keinesfalls jeder, der als Dealer vor

Revolutionsrichter oder Scharfrichter:
Ayatollah Khalkali: »Ich habe nur Schuldige verurteilt«.

ein Erschießungskommando gestellt wurde, auch tatsächlich einer war. Unter dem Deckmantel der Durchsetzung einer islamischen Moral hatte Ayatollah Khalkali damit begonnen, politische Aufräumarbeiten zu leisten: Vor allem Juden und Kommunisten wurden anfangs unter falschen Anschuldigungen verurteilt und hingerichtet. Ein halbes Jahr nach der Revolution hatte Khalkali noch einmal seinen großen Auftritt, als sich im Norden des Landes die um ihre kulturelle Autonomie kämpfenden Kurden gegen die neue Zentralgewalt in Teheran auflehnten und Ayatollah Khomeini den Blutrichter mit einem Sonderauftrag in die unruhige Provinz schickte. Zusammen mit seinen Henkersknechten zog Khalkali binnen weniger Tage eine breite Blutspur durch das bergige Kurdistan. Zum ersten Mal hatte die Revolution für jedermann sichtbar demonstriert, wie sie mit einer gegen ihren Gottesstaat gerichteten Opposition umzugehen gedachte.

Nach diesem Rachefeldzug trat Ayatollah Khalkali politisch in den Hintergrund, später wurde er als Abgeordneter ins Teheraner Parlament gewählt. 1988 tauchte er als Mitglied einer iranischen Menschenrechtsdelegation bei den Vereinten Nationen in Genf wieder auf. Womit man den Bock zum Gärtner gemacht hatte, was freilich kaum einen Iraner aufregen konnte. »Warum auch nicht«, sagte man in Teheran. »Früher war bei uns die Menschenrechtsbeauftragte die Schwester des Schahs. Also, wo liegt da der Unterschied?«

Als Ayatollah Khalkali schließlich das Henkerbeil aus der Hand gab, hatte er den makabren Ruf der neuen Republik begründet: Den eines blutrünstigen Gottesstaates, in dem eine mittelalterliche islamische Strafjustiz praktiziert wird, in dem wieder gefoltert wird, ausgepeitscht und gesteinigt, Dieben die Hand abgehackt und in dem vor allem wie am Fließband hingerichtet wird. Als 1979 der damalige Landwirtschaftsminister gefragt wurde, wo denn nun die von der Revolution versprochene Landreform bleibe, antwortete er fast schon verzweifelt: »Morgens jemanden verhaften, mittags die Verhandlung gegen ihn eröffnen und ihn abends hinrichten – das ist einfach. Sonst aber geht das einfach alles nicht so schnell!«

Schon damals fehlte es auch aus berufenem Mund nicht an

kritischen Anmerkungen. Ayatollah Montaseri, später vorübergehend einmal der designierte Nachfolger von Ayatollah Khomeini, beklagte das weltweit entstandene Bild, nach dem es die entscheidende Aufgabe in der Islamischen Republik sei, Menschen zu töten. »Wir werden kein einziges Problem dadurch lösen, daß wir unsere Gegner einsperren, foltern und hinrichten«, mahnte er später ebenso unmißverständlich wie vergeblich. Die Hinrichtungsmaschinerie lief weiter auf vollen Touren; sie ist bis heute nicht zum Stillstand gekommen. Allein die Gruppe der Opfer wechselte: Angehörige der Bahais, einer im letzten Jahrhundert vom Islam abgefallenen Glaubensgemeinschaft, wurden gleich reihenweise eingesperrt. Wer dem Bahai-Glauben nicht öffentlich abschwor, wurde erschossen. Danach wurden die »politisch Fehlgeleiteten« Opfer des islamischen Strafgerichts: Liberale und Marxisten, als Separatisten abgestempelte Angehörige der ethnischen Minderheiten, Mitglieder der Mudjahedin. Meist gab es nur einen Weg für sie, ihr Leben zu retten: Tätige Reue war gefordert, die Abkehr vom eigenen Glauben, der Verrat an Gesinnungsgenossen, oft auch das eigenhändige Mitwirken an der Hinrichtung bisheriger politischer Weggefährten. Die Strafjustiz machte keine Unterschiede. Greise wurden ebenso ermordet wie Kinder, kranke Menschen und schwangere Frauen. Besonders grausam wurde mit unverheirateten weiblichen Mudjahedin umgegangen, denn nach dem Koran dürfen Jungfrauen nicht hingerichtet werden. Und wer zudem als Jungfrau stirbt, steht nach islamischem Glauben das Paradies offen. Daß ausgerechnet diese vom rechten Pfad der islamischen Tugend gekommenen Frauen mit Hilfe der islamischen Strafjustiz nun einen Platz an der Seite jener Märtyrer finden könnten, die im Kampf für den Islam ins Paradies eingegangen waren – diese Vorstellung erschien den Ayatollahs unmöglich. Weshalb es mehrfach vorkam, daß junge Frauen vor ihrer Hinrichtung erst mit einem Revolutionsgardisten zwangsverheiratet und dann von ihm vergewaltigt wurden.

Die Geschwindigkeit, mit der die Hinrichtungswelle rollte, spiegelte den inneren Zustand der Revolutionsbewegung wider. In Zeiten politischer Verunsicherung lief sie immer auf

Hochtouren. Das war unmittelbar nach dem Umbruch im Iran so. Es wiederholte sich während und vor allem nach der Beendigung des Teheraner Geiseldramas und geschah erneut, als der achtjährige iranisch-irakische Krieg mit einem Waffenstillstand zu Ende ging und niemand so recht einzuschätzen wußte, wie der revolutionsinterne Machtkampf nun weitergehen würde. Die große Mehrheit der Iraner verfolgte das Geschehen mit wachsendem Entsetzen, schweigt heute aus Angst. Die Revolutionäre selbst jedoch zeigen keinerlei Verunsicherung. Diskussionen über die Zulässigkeit der Todesstrafe sind ihnen unverständlich, die Hinrichtungen erfolgen im Namen Gottes und haben somit ihre Berechtigung. Die ausländischen Medien, so beschwerte sich Ayatollah Khomeini, würden den Iran als einen Dschungel beschreiben, in dem nur Wilde wohnten, in dem man sich gegenseitig umbringe und in dem man den Frauen die Brüste abschneiden würde: »Dafür hört man von den früheren Vorgängen überhaupt nichts. Daß es fast jeden Tag während der Schah-Zeit ein Massaker gegeben hat, daß man die Jugend des Landes in Pfannen geröstet und der Geistlichkeit in den Gefängnissen die Beine abgesägt hat.« Als Bundesaußenminister Hans-Dietrich Genscher im Dezember 1988 einen Besuch in Teheran abstattete, fragten die den Minister begleitenden Journalisten den stellvertretenden iranischen Außenminister Laridjani, wie er die Hinrichtungspraxis in seinem eigenen Land bewertet. Die Antwort sprach für sich: »Im Iran haben wir ein jährliches Bevölkerungswachstum von vier Prozent, da können wir uns die Hinrichtungen problemlos leisten.«

Wieviele Menschen seit der Revolution im Iran zu Tode gekommen sind, weiß niemand genau zu sagen. Wieviele als angebliche Drogenhändler oder Prostituierte vor ein Erschießungskommando gestellt oder aufgehängt wurden, weil sie beim internen Ringen um die Macht im Wege standen, ist ebenso unbekannt. Auf jeden Fall aber sind die Zahlen beträchtlich. Schätzungen bewegen sich zwischen 10 000 und 25 000 Todesopfern.

Fortsetzung der Revolution mit anderen Mitteln – die Geiselnahme

Es war eine stürmische Entwicklung. Geprägt von nachrevolutionären Wirren, ideologischen Gegensätzen, persönlichen Rivalitäten und dem Wunsch einzelner Gruppen, die Macht allein für sich zu okkupieren. Das galt vor allem für den radikalen islamischen Flügel, nach dessen Verständnis die Revolution nicht zu Ende war, sondern im Gegenteil gerade erst begonnen hatte. Die Revolutionsparole »Weder Ost noch West, sondern Islamische Republik« bedeutete für diese Gruppierung nicht nur blockfreie Politik und wirtschaftlichen Umbruch, sondern auch eine Rückbesinnung auf die durch jahrelange kulturelle Fremdherrschaft verschüttete eigene, islamische Identität. Nicht mehr die amerikanische Plastikkultur sollte den Alltag prägen, sondern der Ruf des Muezzin als Ausdruck eines neuen islamischen Selbstwertgefühls. Kurz: Die politische Revolution sollte ergänzt werden durch eine an die Wurzeln gehende Kulturrevolution. Dieses Ziel war bei vielen anderen Gruppierungen inzwischen verlorengegangen.

Die politische Linke und das bürgerlich-liberale Lager waren bereits ausgeschaltet worden. Doch da gab es noch die Fraktion eines konservativen Klerus und die reichen Basarhändler, die die Revolution vor allem finanziert hatten. Dafür wollten sie nun politisch entlohnt werden. Die alten Wirtschaftsstrukturen waren zerschlagen worden, die korrupte Monarchie zusammengebrochen. Für die Basaris war damit das eigentliche Ziel der Revolution erreicht. Nach all dem revolutionären Durcheinander wollten sie jetzt wieder in Ruhe ihre Geschäfte machen.

Die Rückkehr zur Normalität des Alltags aber bedeutete in den Augen der Radikalen einen Verrat an den weiterreichenden Zielen der Revoluton. Sie mußten sich daher etwas einfallen lassen. Zumal die Basaris mit der Regierung Bazargar einen wichtigen Bündnispartner hatten. Eine Regierung, die zwar streng islamisch lebte, politisch aber einem bürgerlich-parlamentarischen Denken verpflichtet war.

Die restaurativen Tendenzen dieser Zeit waren unübersehbar. Alles sollte so weitergehen wie zuvor, nur eben ohne den Schah. Schon wurden – zumindest verdeckt – die alten wirtschaftlichen Kontakte zum Westen wieder aufgenommen. Hier und da streckte man sogar wieder vorsichtig die Fühler in Richtung Amerika aus. Ein zweites Problem kam aus der Sicht des radikal-islamischen Flügels hinzu. Der revolutionäre Schwung der Massen drohte zu erlahmen. Die Iraner waren der ständigen Kämpfe und der nachrevolutionären Wirren müde. Auch sie wollten endlich ihre Ruhe haben und erwarteten sich nun den immer wieder versprochenen wirtschaftlichen Aufschwung. Die anfängliche Euphorie nach dem Sieg über den Pfauenthron begann bereits spürbar einer Ernüchterung zu weichen, erste Enttäuschung machte sich breit. Das Regime verfügte damals noch lange nicht über die Voraussetzungen für einen politischen und wirtschaftlichen Neuaufbau des Landes. Weshalb es mit weiterem Unmut rechnen mußte. Nur zwei Gegenstrategien schienen denkbar: Entweder als siegreiche Revolutionäre von der politischen Bühne abtreten und alles weitere den Politikern zu überlassen (Das war mit ihrem eigenen Machtwillen und der ihrer Meinung nach unvollendeten Revolution nicht vereinbar), oder über eine Radikalisierung im Inneren und den Aufbau einer äußeren Bedrohung das Schwungrad der Revolution erneut in Gang zu bringen und den alten revolutionären Kampfesgeist wieder neu zu entfachen. In Teheran entschied man sich damals – und auch in späteren vergleichbaren Situationen immer wieder – für die zweite Möglichkeit.

Für diese Möglichkeit bot sich die Besetzung der amerikanischen Botschaft in Teheran an. Dieser spektakuläre Schlag der Mullahs gegen die verhaßten USA hatte mit Amerika eigentlich gar nichts zu tun, allenfalls mit seiner unfreiwillig übernommenen Rolle eines innenpolitischen Blitzableiters im Iran. Ziel der Geiselnahme war nicht die Demütigung einer Weltmacht, sondern der Versuch, eine Radikalisierung im Iran zu provozieren.

Das Geiseldrama von Teheran

Der angebliche Auslöser für diesen ersten, aber keineswegs letzten Bruch allen internationalen Rechts war eine Reise, die den exilierten Schah nach New York führte. Nach seiner Flucht aus dem Iran hatte sich Washington tunlichst davor gedrückt, den Schah aufzunehmen. Bei der Suche nach einem geeigneten Exil-Land war man gern behilflich, aber aus Angst vor einem unkalkulierbaren Konflikt mit dem Iran blieben die nationalen Grenzen für den einstigen Freund geschlossen. Nun hatte sich der todkranke Schah jedoch zu einer medizinischen Behandlung in New York angemeldet. Mit Rücksicht auf die innenpolitische Stimmung in den USA wagte es die Carter-Administration nicht, dem Wunsch Reza Pahlawis erneut ein hartes ›Nein‹ entgegenzusetzen. Washington baute darauf, daß Teheran ungeachtet aller wortgewaltigen Propaganda gegen die USA den humanitären Hintergrund des amerikanischen Sinneswandels akzeptieren und somit nicht reagieren würde. Washington hoffte vergeblich. Offiziell bestritt der Iran, daß der wenig später verstorbene Schah tatsächlich krank war, und sprach von einem amerikanischen Komplott. Tatsächlich konnte man in Teheran die amerikanische Begründung deshalb nicht hinnehmen, weil man aus innenpolitischen Gründen dringend einen Vorwand brauchte, um losschlagen zu können. Die gegen Washington gerichtete Propaganda verschärfte sich, vor der amerikanischen Botschaft in Teheran kam es zu Massenprotesten. Die Regierung Bazargan ahnte nichts Gutes und versuchte verzweifelt, die Konfliktstrategie des radikalen Lagers zu unterlaufen. Theologiestudenten aus der heiligen Stadt Ghom wurden unter die Demonstranten geschleust, um die Massen zu bremsen. Der Versuch mußte jedoch fehlschlagen, da es sich beim Sturm auf die diplomatische Vertretung nicht um einen spontanen Protest, sondern um eine von langer Hand geplante Aktion handelte.

Am 4. November 1980, einem Sonntag, der in der islamischen Welt ein normaler Arbeitstag ist, kletterten rund 500 meist jugendliche Revolutionäre über die Botschaftsmauern. Wenige Stunden später gingen die Bilder von gefesselten und mit Augenbinden versehenen Diplomaten um die Welt, die von einer erneuten Demütigung der Großmacht USA zeugten. »Moslemische Studenten, die der Linie Ayatollah Khomeinis folgen«, so nannten sich die Geiselnehmer, die dabei waren, Weltgeschichte zu machen. Im klassischen Revoluzzer-Look präsentierten sie sich: mit bärtigem Gesicht, grünem Parka, zerrissenen Jeans, Turnschuhen und einem Schnellfeuergewehr unter dem Arm. Mit von der Partie waren junge, oft nicht einmal 16jährige Mädchen; sie trugen den langen islamischen Schleier und waren ebenfalls schwerbewaffnet. In dem ersten, von den Geiselnehmern veröffentlichten Bulletin hieß es: »Die Dokumente in der Botschaft wurden gesichtet, soweit sie nicht vorher von den Amerikanern zerstört worden sind. Einige sind verschlüsselt, einige haben einen sehr komplizierten Inhalt, viele Schriftstücke sind aus dem Zusammenhang gerissen. Allgemein aber läßt sich sagen: In der Botschaft wurden Informationen über den Iran und über iranische Persönlichkeiten gesammelt und Analysen über die politische Entwicklung des Landes erstellt.« Nach der Darstellung dieser weltweit üblichen Botschaftsarbeit kamen die Geiselnehmer zu dem eigenwilligen Schluß: »Damit steht fest, daß es sich bei der amerikanischen Botschaft in Teheran um ein Spionagenest handelt, das im Auftrag des amerikanischen Geheimdienstes CIA gearbeitet hat.« Womit kunstvoll die spätere Begründung dafür gedrechselt worden war, daß es sich bei dieser Geiselnahme aus iranischer Sicht um keinen internationalen Rechtsbruch handelte. Verantwortlich und somit schuldig waren demnach vielmehr die Amerikaner selbst, die sich nicht an die diplomatischen Gepflogenheiten gehalten hatten. Nach Teheraner Lesart war hier nicht eine Botschaft besetzt, sondern ein Spionagenest ausgehoben worden.

An dieser These haben die Geiselnehmer und auch die Vertreter des radikalen Lagers bis zum Ende der insgesamt 444 Tage dauernden Geiselaffäre stur festgehalten. Ebenso unerbittlich wiederholten sie ihre immer gleichen Bedingungen für eine Beendigung des Geiseldramas: Amerika sollte zugeben, daß es in den vergangenen Jahren eine schamlose Interventionspolitik im Iran betrieben habe und es solle sich vor aller

Welt beim iranischen Volk dafür entschuldigen; Amerika solle zudem verbindlich erklären, daß es sich nie wieder in inneriranische Angelegenheiten einmischen werde. Es solle außerdem den Schah in den Iran zurückbringen und dafür sorgen, daß das von der kaiserlichen Familie ins Ausland transferierte Geld wieder in den Iran gelange.

Die Geiselnehmer behaupteten, der Linie Khomeinis zu folgen. Aber stand der greise Ayatollah tatsächich hinter ihnen? Zwei Tage lang schwieg er. Dann machte er deutlich, daß weder die USA noch sonst jemand mit seiner Hilfe rechnen konnte: »Seid nicht ängstlich und fürchtet niemanden. Die Vereinigten Staaten sind selbst viel zu schwach, als daß sie militärisch intervenieren könnten.« Die Geiselnehmer waren in dieser Erklärung zwar nicht direkt genannt, aber sie hatten die Botschaft verstanden. Kurz darauf wurde Khomeini noch deutlicher: »Als ich verlangte, daß der Schah gehen soll, hat die ganze Welt nur gelächelt. Nun, da ich sage, der Schah soll zurückkommen, lächelt niemand mehr.« Spätestens jetzt war klar, daß es sich bei der Teheraner Botschaftsbesetzung keinesfalls um eine spektakuläre, aber dennoch schnell zuende gehende Episode handelte, sondern um einen ebenso risikoreichen wie gezielten Schlag der islamischen Revolutionäre.

Zunächst einmal ging die Rechnung auf. Der Rückschlag der Amerikaner erfolgte nicht, irritiert spielte man in Washington auf Zeit. Im Iran aber kam mit der Geiselnahme neuer revolutionärer Schwung in die Bevölkerung, die Massen gerieten wieder in Bewegung, die besetzte US-Vertretung wurde zu einem politischen Wallfahrtsort umfunktioniert. Wochenlang demonstrierten Zehntausende jeden Tag vor der Botschaft, stellten blumengeschmückte Bilder des Ayatollahs auf, priesen den greisen Revolutionsführer in ihren Liedern, besangen den Tod des Schahs und den Untergang der »verbrecherischen amerikanischen Regierung«. Vergessen waren all die inneren Schwierigkeiten, in denen der nachrevolutionäre Iran steckte, ein neues Selbstbewußtsein machte sich breit: Endlich hatte man es den arroganten ausländischen Mächten einmal richtig gegeben, endlich war man selbst Herr im Haus. Zweifellos wurde die Geiselnahme in der Euphorie der ersten Stunde von der überwiegenden Mehrheit der iranischen Bevölkerung politisch begrüßt.

Alle amerikanischen Appelle an die Teheraner Regierung, ihren internationalen Verpflichtungen nachzukommen, verhallten im Wind. Die empörten Reaktionen des Auslands interessierten erst recht nicht. Zwar zogen Revolutionsgardisten vor der besetzten Botschaft auf, doch sie sicherten nur das Gelände. Von Polizei und Armee war nichts zu sehen. Und bis zum Ende dieser mehr als einjährigen Aktion hat es kein einziger iranischer Offizieller gewagt, die Geiselnahme als internationalen Rechtsbruch zu verurteilen. Viele Iraner, auch Mitglieder der Regierung und des islamischen Klerus, haben dies nach dem ersten Überschwang zwar so empfunden, doch sie schwiegen aus Angst um das eigene politische Überleben. Denn die persönliche Einstellung zur Geiselnahme war im Iran zum Gradmesser des revolutionären Bewußtseins geworden. Somit war Vorsicht geboten. Mit der Botschaftsbesetzung waren die Radikalen im Iran in die Offensive gegangen, hatten sie das Gesetz des Handelns an sich gerissen.

Als sich nach einigen Wochen die tägliche Aufregung vor der US-Botschaft legte und die Geiselnahme fast schon in politische Alltagsroutine abglitt, waren es die Amerikaner selbst, die für neue Stimmung sorgten. Vor der Botschaft liefen nämlich sehr viel mehr Amerikaner frei und unbehindert herum, als im Gebäude festgehalten wurden. Zahllose Fernsehteams und Heerscharen anderer amerikanischer Journalisten waren angereist, um über das Geiseldrama von Teheran zu berichten. Vor allem das Fernsehen brauchte Bilder, bewegte Bilder. Die waren jedoch von Tag zu Tag schwerer zu bekommen, weil sich vor der besetzten Botschaft nichts Aufregendes mehr tat. Bei den Iranern paarte sich da jedoch Geschäftstüchtigkeit mit revolutionärem Plan. Gegen harte amerikanische Dollar konnten Demonstrationen gekauft werden und für ein weiteres Aufgeld waren die Iraner auch bereit, ihr »Tod für den Schah, Tod für Amerika« auf englisch zu brüllen. Für eine weitere Summe konnte man den ›Uncle Sam‹, die Symbolfigur Amerikas, als Puppe verbrennen lassen. Die Puppenbastler hatten Hochsaison in diesen Tagen. Wer schließlich ganz tief in die Tasche

Botschaftsbesetzung:
Der brennende Union Jack als Symbol der eigenen Stärke.

griff, für dessen Kamera brannte dann auch noch das Sternenbanner. Lange Monate sorgten so die Amerikaner dafür, daß bei ihnen zu Hause die Wunde der nationalen Demütigung jeden Tag aufs Neue aufgerissen wurde und daß immer wieder das Bild eines Landes gezeichnet werden konnte, in dem ein fanatisierter Mob die Macht ausübte. Auch diesem Treiben sah die Regierung in Teheran hilflos zu. Am Ende zog sie schließlich die Notbremse. Ideologisch verbrämte sie ihre Entscheidung, alle amerikanischen Journalisten des Landes zu verweisen. Die Berufsdemonstranten in Teheran waren somit arbeitslos geworden. Und in den amerikanischen Massenmedien kehrte zunächst einmal relative Ruhe ein.

Im Windschatten der von den Iranern provozierten internationalen Krise tobte jedoch ungebrochen der Kampf weiter, um den es bei der ganzen Affäre eigentlich ging. Der politische Machtkampf im Iran. Mehdi Bazargan, einst von Ayatollah Khomeini als Mann seines Vertrauens zum Regierungschef ernannt, verstand die Zeichen der Zeit und trat zurück. Das erste Etappenziel der Geiselnehmer war damit erreicht. Eine Regierung, der man heimliche Sehnsüchte nach einer Demokratie westlichen Zuschnitts unterstellte, war gestürzt worden. Doch die Botschaftsbesetzung erwies sich auch weiterhin als eine wirksame Waffe im innenpolitischen Machtkampf. Mit der gezielten Veröffentlichung von Dokumenten, meist Gesprächsprotokollen, die man in der Botschaft gefunden hatte, wurden zahlreiche Politiker des liberal-islamischen Flügels politisch abgeschossen. Der zuweilen zwar belegbare, oft aber nur konstruierte Vorwurf der Kollaboration mit den Amerikanern reichte dafür aus. Da niemand wußte, über welche bislang unveröffentlichten Papiere und Informationen die Geiselnehmer noch verfügten, machte sich eine allgemeine Verunsicherung breit. Die liberalen Geistlichen und Politiker zogen sich vorsichtshalber aus der Öffentlichkeit zurück und überließen den Radikalen das Feld. Während der Schah seinen Fluchtweg über Panama nach Ägypten fand, wo er wenig später starb, verhärteten sich die Fronten zwischen den USA und dem Iran: Amerikanische Drohungen verpufften ebenso wirkungslos wie Resolutionen des Weltsicherheitsrates der Vereinten Nationen. Der Urteilsspruch des Internationalen Den Haager Gerichts für Menschenrechte interessierte in Teheran ebenso wenig wie eine vom Papst übermittelte Botschaft. Die von den USA und später auch von den Mitgliedsländern der Europäischen Gemeinschaft verhängten Wirtschaftssanktionen – wenngleich nur halbherzig befolgt – trafen den Iran zwar empfindlich, aber eine Positionsveränderung erzwingen konnten auch sie nicht. Für einen von Vernunft diktierten Kompromiß war in Teheran kein Platz. Man hätte auf diese Weise zwar die internationale Krise beilegen können, hätte aber nach allgemeiner, revolutionärer Überzeugung damit einen offenen Machtkampf im Inneren provoziert. Das Land wäre dann möglicherweise in einen Bürgerkrieg abgeglitten. Dieser Hintergrund, der im Iran noch öfter das Krisenszenario abgeben sollte, war für die Sturheit entscheidend, mit der die Ayatollahs an ihrem vermeintlich irrationalen Ziel festhielten. Die weltweite Isolation, selbst die Distanzierung der arabisch-islamischen Länder nahm man bereitwillig hin. Von Gegnern umzingelt zu sein, die eigene gerechte Position einem übermächtigen Feind gegenüber zu verteidigen, entspricht der Märtyrermentalität innerhalb des schiitischen Islam. Und Opferbereitschaft, die jetzt erneut der ohnehin geschundenen Bevölkerung abverlangt wurde, ist für den gläubigen Moslem eine Selbstverständlichkeit, wenn er sich im heiligen Krieg befindet. Genau dazu wurde der Konflikt mit den USA stilisiert.

Nach dem Sturz der bürgerlich-islamischen Regierung Bazargan trat im Iran eine neue Revolutionsgeneration an: Sadegh Ghodsbzadeh und Abdol Hassan Banisadr waren ihre Repräsentanten: Überzeugte, strenggläubige Moslems zwar, doch pragmatisch in ihrem politischen Grundverständnis. Auch sie waren somit nicht die Wunschkandidaten des radikalen Flügels. Beide Politiker versuchten, die Geiselnahme politisch für sich zu instrumentalisieren. Gegenüber der Weltöffentlichkeit räumten sie einen internationalen Rechtsbruch der Geiselnehmer ein, veranschlagten zugleich aber die Vergehen der Amerikaner als ungleich höher. Weshalb, so Banisadr damals, erst das größere Unrecht beseitigt werden müsse, um danach über die Botschaftsbesetzung zu reden. Auf rhetorischem Umweg hatten sich damit die neuen starken Männer der Islamischen Republik die Forderungen der Geiselnehmer zu eigen gemacht. Für beide war es jedoch ein Ritt auf dem Tiger, der ihnen nicht gut bekommen sollte. Ghodsbzadeh brachte es bis zum Außenminister der Islamischen Republik, Banisadr zum Oberbefehlshaber der Armee und zum Staatspräsidenten. Beide wurden jedoch später ein Opfer der radikal-islamischen Intrigen. Ghodsbzadeh endete vor einem Erschießungskommando, Banisadr konnte sich durch Flucht ins Ausland gerade noch rechtzeitig dem Zugriff der Häscher entziehen. Er lebt heute in Paris.

Zunächst einmal aber betätigten sich die beiden während des Geiseldramas als Krisenmanager. Ihrem demagogischen Geschick und ihrer taktischen Wendigkeit war es zu verdanken, daß sich lange Monate im Westen Hoffnung und Enttäuschung immer wieder die Waage hielten. In Washington gab man deshalb zunächst die Hoffnung nicht auf, doch noch eine gütliche Einigung mit den Revolutionären zu erreichen, wobei man freilich übersah, daß sich ungeachtet aller Rhetorik an der Position des Iran überhaupt nichts geändert hatte, ja auch nicht ändern konnte, weil der im Hintergrund schwelende innenpolitische Machtkampf noch längst nicht entschieden war. Teheran mußte deshalb dem Ausland gegenüber auf Zeit spielen. Internationale Delegationen, seriöse und weniger seriöse, wurden in die islamische Hauptstadt eingeladen. Die propagandistische Absicht war dabei deutlich erkennbar. In der Sache selbst brachten die Treffen dann auch nichts: Die amerikanischen Diplomaten blieben weiter in Geiselhaft. Im Frühjahr 1980 schien sich endlich ein Durchbruch anzubahnen: Teheran willigte in den Besuch einer internationalen, von den Vereinten Nationen entsandten Juristenkommission ein. Sie sollte die von den Revolutionären gegen die Schah-Monarchie erhobenen Vorwürfe überprüfen, dann aber auch mit den amerikanischen Geiseln zusammentreffen. In Washington schöpfte man neue Hoffnung, erwartete sich Aufschluß über den physischen und psychischen Zustand der Gekidnappten und natürlich einen Ansatz zur Beilegung der Krise. Die Teheraner Regierung hielt zunächst Wort: Sie empfing die Juristenkommission, führte ihr bereitwillig die Folteropfer des Schah-Regimes und die Revolutionsinvaliden vor. Als die Experten jedoch zum anderen Teil ihres Auftrags kommen wollten, ging plötzlich nichts mehr. Eine Kontaktaufnahme mit den Geiseln und das Ausloten möglicher Lösungen des Konflikts wurden der Kommission verwehrt. Hier wurde deutlich, daß es auch nach dem Sturz der Regierung Bazargan einen Bruch zwischen den Radikalen und der Regierung gab. Die Geiselnehmer verweigerten der Regierung die Gefolgschaft und machten damit für jedermann sichtbar, daß für sie und ihre Sympathisanten das Ziel der Botschaftsbesetzung noch längst nicht erreicht war. Unverrichteter Dinge reiste die Kommission wieder ab.

In Washington hatte man die Pläne für einen militärischen Befreiungsversuch wahrscheinlich schon länger in der Schublade gehabt. Spätestens nach diesem gescheiterten Vermittlungsversuch der UNO aber dürfte die Erkenntnis gereift sein, daß angesichts der verworrenen Lage in Teheran mit politischen Mitteln nichts ging. US-Präsident Jimmy Carter startete deshalb konkrete Vorbereitungen für eine Befreiungsaktion, die freilich später in der Salzwüste von Tabas kläglich scheitern sollte. Damit läutete er zugleich sein eigenes politisches Ende ein.

Amerika in Nöten

Zulange hatten die Ayatollahs mit dem amerikanischen Präsidenten Katz und Maus gespielt. Die Art, mit der hier eine Weltmacht von einem rückständigen Entwicklungsland verhöhnt und gedemütigt wurde, hatte in Amerika den Volkszorn zum Kochen gebracht. Das Weiße Haus zeigte sich der Herausforderung gegenüber hilflos. Alle Proteste, Drohungen und Sanktionen hatten nichts bewirkt. Die Einschaltung internationaler Vermittler war ebenfalls erfolglos geblieben. Da sich in Washington alle politischen Energien ausschließlich auf die Befreiung der Geiseln im fernen Teheran richteten, wurde die gesamte amerikanische Außenpolitik paralysiert. Ohne Rücksicht auf den eigenen nationalen Stolz war der Präsident sogar noch einen Schritt weitergegangen, hatte er in seiner Verzweiflung zum Schluß gar Demutsgesten gegenüber dem Iran gezeigt. In einem Brief an den iranischen Staatspräsidenten Banisadr bekundete Carter Verständnis für die iranischen Jugendlichen, die die Botschaft besetzt hielten. Sogar von einer Schuld Amerikas an der Unterdrückung des persischen Volkes war da die Rede. Doch alle Liebesmüh war vergeblich, war zuwenig, war vor allem der falsche politische Ansatz. In Washington hatte man noch immer nicht begriffen, daß hinter dem Teheraner Piratenakt ein inneriranischer Machtkampf stand, daß es somit nur vordergründig um die Auseinandersetzung mit Amerika ging. Das einzige, was Jimmy Carter mit seinen verzweifelten Rettungsversuchen erreichte, war der Verlust seiner eigenen Popularität.

Ende März 1980 bezweifelte zum ersten Mal die Mehrheit der US-Bürger Carters Fähigkeit, die Krise zu lösen. Seine Hoffnungen auf eine Wiederwahl waren damit auf den Nullpunkt gesunken. Wie ein angeschlagener Boxer sah der Präsident nur noch eine einzige Möglichkeit: Mit einem vernichtenden Gegenschlag den Kontrahenten niederzustrecken, um so das Blatt doch noch zu wenden. Entmutigt gab Carter dem Drängen der Falken und der Volksstimmung in den USA nach. Erst brach er die ohnehin nur noch formell bestehenden diplomatischen Beziehungen zu Teheran ab, dann versuchte er es mit einer militärischen Befreiungsaktion.

Bis heute ist nicht klar, ob es nur an unkalkulierbaren technischen Defekten lag oder auch an einer schlampigen Einsatzplanung. Jedenfalls scheiterte das Kommandounternehmen bei einer Zwischenlandung in der Salzwüste im Nordosten des Iran. Nachdem beim Anflug bereits zwei Transporthubschrauber ausgefallen waren, kollidierten bei Tabas ein Hubschrauber und ein Truppentransporter. Hals über Kopf wurde die ganze Aktion abgeblasen. Acht tote Amerikaner blieben in der Salzwüste von Tabas zurück. Die restlichen Mitglieder des Kommandos konnten sich auf amerikanische Kriegsschiffe im Persischen Golf retten. Niemand von ihnen war auch nur in die Nähe der Geiseln gekommen. Das politische Schicksal von Jimmy Carter war damit besiegelt, der Triumph Ronald Reagans bei den anstehenden Wahlen vorprogrammiert.

Im Iran selbst bemerkte man die Befreiungsaktion erst, als Jimmy Carter auf einer Pressekonferenz in Washington die Verantwortung für das gescheiterte Unternehmen übernahm. Nach den ersten Meldungen herrschte im Iran ungläubiges Staunen, das schließlich einer landesweiten Begeisterung wich, als das Fernsehen Bilder aus der Salzwüste von Tabas sendete: Ausgebrannte amerikanische Militärmaschinen und einen obersten Revolutionsrichter Khalkali, der genüßlich mit einer Kuchengabel in den verkohlten Resten amerikanischer Soldaten herumstocherte. »Allah, der Allbarmherzige, hat uns einen Sandsturm geschickt«, lautete die offizielle Erklärung. »Und hat damit die verbrecherische List der Amerikaner zunichte gemacht.« Die Geiselnehmer in der besetzten Botschaft triumphierten: »Die Welt und die heroische, kämpferische Islamische Nation hat gesehen, daß er (Carter) überhaupt nichts machen kann und sie sieht, wie sehr Gott den Unterdrückten hilft und wie er seine Engel schickt, um Euch beim Widerstand zu helfen und Eure Standfestigkeit zu stärken.« Der Glaube an die göttliche Kraft hatte den iranischen Revolutionären schon vorher die notwendige Selbstsicherheit gegeben, um den Amerikanern mit ihrem waffenstarrenden Rüstungsarsenal zu trotzen. Ayatollah Khomeini hatte es immer wieder betont: »Den Amerikanern, deren ganzes Denken und Fühlen sich im Diesseits erschöpft, werden all ihre Kanonen und Flugzeuge nichts nützen. Sie stehen gegen ein zum Märtyrertod bereites Volk, das nicht nur im Diesseits, sondern auch im Jenseits seinen Platz hat. Die Amerikaner haben immer noch nicht begriffen, gegen welches von Gott beschützte moslemische Volk sie kämpfen. Sie glauben immer noch, daß der Koran nur ein Buch ist und sonst nichts. Die westlichen Strategen sind nicht in der Lage, es zu begreifen, sie kennen nur die weltliche Macht. Die Geschichte hat sie jetzt belehrt.«

Die amerikanischen Geiseln wurden nach der gescheiterten Befreiungsaktion in verschiedenen Städten des Irans untergebracht, ein erneuter Befreiungsversuch war damit praktisch unmöglich geworden. US-Präsident Jimmy Carter war mit seinem Latein am Ende. Erneut hieß der große Sieger Ayatollah Khomeini. Schon während der Revolution hatte sich der Imam den Ruf eines geistlichen Führers mit einem ausgeprägten Machtinstinkt erworben, war seine Bereitschaft für jedermann deutlich geworden, alles zu riskieren. Die gescheiterte amerikanische Befreiungsaktion aber vermittelte ihm zusätzlich den Nimbus des Unbesiegbaren: Nicht nur gegenüber der Bedrohung von außen, sondern auch im Inneren, was fatale Konsequenzen hatte. Das dilettantische Scheitern der Amerikaner in der fernen Salzwüste von Tabas markierte daher zugleich den endgültigen Zusammenbruch jeder inneriranischen Opposition. Das Ende der Geiselnahme war danach nur noch eine Formsache. Historiker mögen einst darüber streiten, ob ohne den Beginn des iranisch-irakischen Krieges im September 1980 die Affäre im Januar 1981 ebenfalls beigelegt worden wäre. Wahrscheinlich nicht, so aber waren die amerikanischen Geiseln wertlos geworden. Mit dem irakischen Kriegsgegner hatte Teheran einen neuen innenpolitischen Blitzableiter gefunden.

Der »Satan« Carter, hatte Khomeini seinen Landsleuten immer wieder versprochen, werde nicht noch einmal amerikanischer Präsident werden. Diese Aussage war im Ausland lange Zeit als Anmaßung belächelt worden. Doch auch hier hatte Khomeini am Ende Recht behalten. Wobei er in der Geiselaffäre bis zuletzt Sinn fürs Detail bewies: Als Jimmy Carter am 20. Januar 1981 die freigelassenen Geiseln auf dem Flughafen in Frankfurt begrüßte, war er bereits der ehemalige Präsident der Vereinigten Staaten. Nur wenige Stunden zuvor war auf dem Capitol Hill Ronald Reagan zu seinem Nachfolger vereidigt worden. Aus iranischer Sicht war dies ein letzter Versuch der Demütigung. Dem scheidenden Präsidenten sollte der Erfolg während seiner Amtszeit nicht mehr vergönnt sein. Aber auch sein Nachfolger sollte sich keine Meriten an die Brust heften können. Es war ein letzter bescheidener Triumph des revolutionären Teherans in der Geiselaffäre. Denn die mit Hilfe Algeriens ausgehandelte Einigung war auf den ersten Blick alles andere als ein Sieg für den Iran. Keine einzige der 444 Tage zuvor formulierten Bedingungen für eine Freilassung war erfüllt worden.

Die Forderung nach einer Auslieferung des Schahs hatte sich durch dessen Tod im ägyptischen Exil erübrigt. Die finanziellen Zusagen der Amerikaner wirkten zunächst eindrucksvoll, waren es in Wirklichkeit aber nicht. Von einem Lösegeld – wie damals behauptet wurde – konnte keine Rede sein. Dem Iran wurde allein die Rückgabe dessen zugesagt, was ihm ohnehin schon gehörte: der Gegenwert jener iranischen Staatsguthaben, die unmittelbar nach der Botschaftsbesetzung von der amerikanischen Regierung eingefroren worden waren. Ein den Geiselnehmern ungleich wichtigeres Anliegen blieb völlig unberücksichtigt: die Rückführung des Schah-Vermögens. Jenes Geldes also, das der ehemalige Monarch und seine Familie ins Ausland transferiert und dort mehr oder weniger nutzbringend angelegt hatte. In diesem Punkt wurde Teheran auf den internationalen Rechtsweg verwiesen, der ihm auch schon während der Geiselaffäre offengestanden hatte. »Wir lassen uns doch nicht von einem Staat den Rechtsweg anbieten, der sich selbst an keinerlei Recht hält«, hatten die Geiselnehmer in der besetzten Botschaft immer wieder erklärt. Dabei klopften sie demonstrativ auf ihre Schnellfeuergewehre, um zu verdeutlichen, mit welchen Mitteln man ihrer Meinung nach Amerika begegnen mußte. Alle verbalen Attacken hatten jedoch nichts genutzt, am Ende gingen sie leer aus. Die dritte und für das islamisch-revolutionäre Selbstbewußtsein wichtigste Forderung überhaupt wurde in dem Agreement letztlich nicht einmal mehr erwähnt: das öffentliche Eingeständnis Amerikas, sich in der Vergangenheit unzulässig in die inneriranischen Angelegenheiten eingemischt zu haben und – ebenso bedeutsam – die offizielle Entschuldigung Washingtons für diese »imperialistische Interventionspolitik«.

Mißt man den politischen Erfolg dieser Geiselnahme allein daran, inwieweit die damit verbundenen Forderungen durchgesetzt werden konnten, war die Aktion ein Fehlschlag. Der Öffentlichkeit gegenüber konnte die Revolutionsführung mühsam verbergen, daß sie die Geiseln nach aufregenden 444 Tagen praktisch bedingungslos freigelassen hatte. Die Botschaftsbesetzer, aber auch das radikal-religiöse Lager ließen sich nicht hinters Licht führen: Sie machten aus ihrer Enttäuschung und Verbitterung keinen Hehl. Die Revolutionsführung trug diesem Unmut sofort Rechnung. Unmittelbar nach

Beendigung der Geiselnahme intensivierte sie ihren Propagandakrieg gegen die USA. Fast schien es, als sei die Krise zwischen Teheran und Washington jetzt erst richtig ausgebrochen. Kritikern in den eigenen Reihen sollte mit diesem Feldzug bewiesen werden, daß der politische Kampf gegen das verhaßte Amerika mit der Freilassung der Geiseln keinesfalls zuende gegangen war. Es war eine Flucht nach vorne, eine verbale Radikalisierung um jeden Preis, um die eigenen Reihen politisch geschlossen zu halten.

Auch in anderen Bereichen fiel die Bilanz der Geiselaffäre negativ aus. Außenpolitisch hatte sich der Iran damit selbst in die Isolation manövriert. Die Islamische Republik hatte sich den Ruf erworben, ein irrationaler, jedes Recht mißachtender Staat zu sein, in dem fanatisierte Moslems ihren haßerfüllten Schrei nach blutiger Rache erschallen lassen. Dieses Erscheinungsbild stand freilich in krassem Gegensatz zur gesellschaftlichen Wirklichkeit. Denn die Iraner begegneten trotz allem Geschrei Ausländern – auch den damals durchaus noch im Iran tätigen Amerikanern – mit ausgesuchter Höflichkeit. Im täglichen Leben gab es keinerlei Anzeichen für einen Ausländer- oder Fremdenhaß. Daran hat sich bis heute nichts geändert.

Die Konsequenzen

Politisch isoliert aber hatte sich der Iran nicht nur gegenüber dem Westen, sondern auch innerhalb der arabisch-islamischen Welt. Auf eine Unterstützung der arabischen Regierungen hatte Ayatollah Khomeini von Anfang an nicht hoffen können. Er hatte aber sehr wohl darauf spekuliert, daß die gläubigen Moslems in den anderen Golfstaaten – in denen die Amerikaner auch nicht gerade beliebt sind – dem Teheraner Fanal folgen würden. Daß sie sich die radikale Position des Iran als Modell für das eigene Land zueigen machten. Der kompromißlose Kampf gegen die westliche Führungsmacht sollte vor allem die Gläubigen in den konservativen Scheichtümern am Golf zu eigenen Aktionen animieren, sollte einen Sturm gegen die mit den USA verbündeten Herrschaftshäuser entfachen und so die gesamte Region mit islamisch-revolutionärem Geist durchdringen. Dahinter stand und steht auch heute noch der Traum der Revolutionäre, ihr eigenes iranisches Revolutionsmodell zu exportieren, um damit über die Grenzen Irans und über die Glaubensgemeinschaft der Schiiten hinaus zu Vorkämpfern der Revolution in der gesamten islamischen Welt zu werden. Unmittelbar nach seinem Sieg über den Schah hatte Khomeini seine Vorstellungen eines Revolutionsexportes bereits formuliert: »Wer glaubt, es habe sich um eine iranische Revolution gehandelt, irrt. Es war eine islamische Revolution, der Islam aber kennt keine Grenzen.« Doch der Revolutionsfunke sprang auf die anderen islamischen Staaten nicht über. Die politischen Strukturen erwiesen sich dort als zu stabil. Zudem war die große Mehrheit der sunnitischen Moslems nicht bereit, sich der politischen und religiösen Führerschaft eines schiitischen Ayatollahs unterzuordnen. Gleichwohl verstand es die Teheraner Revolutionsführung, die weltweite Isolation für sich und zur Durchsetzung ihrer gesellschaftspolitischen Vorstellung zu nutzen. Vermutlich war es ihr nämlich nur unter diesen Bedingungen möglich, die rigide Islamisierung aller Lebensbereiche zu erzwingen, die ja zugleich eine radikale Loslösung von allen westlichen Denk- und Kultureinflüssen bedingte.

Wirtschaftlich hat die Geiselaffäre das ohnehin angeschlagene Land noch tiefer in die Krise getrieben. Die westliche Sanktionspolitik verhinderte den dringend notwendigen Wiederaufbau der Volkswirtschaft und brachte den Iran zugleich um seine letzten Deviseneinnahmen. Der heilige Krieg gegen das teuflische Amerika, die Anstachelung des revolutionären Elans waren von der iranischen Geistlichkeit benutzt worden, um über das eigene Versagen hinwegzutäuschen. Die Revolutionsführung war nämlich entgegen ihren Versprechungen nicht in der Lage, die Lebenssituation der Bevölkerung zu verbessern. Obwohl die Oberschicht ihre wirtschaftlichen Privilegien eingebüßt hatte, ging es der großen Masse, den »Barfüßigen und Entrechteten« um keinen Deut besser als vor der Revolution. Allerhöchstens wurde das Elend im Iran jetzt gerechter verteilt als zuvor. Der revolutionäre Klerus machte auch in dieser Situation aus der Not eine Tugend. Wer im Kampf gegen die Großmacht Amerika stehe – so befand er – könne nicht auch noch gleichzeitig den konstruktiven Aufbau des eigenen Landes vorantreiben. Womit klar war, wer für die Misere des Landes verantwortlich zeichnete: Amerika und die westlichen Vasallen der USA, die nicht zulassen wollten, daß im Iran ein neues, unabhängiges und islamisches Selbstbewußtsein entstand. Die Konsequenz aus dieser Erkenntnis: Je stärker das revolutionäre Bewußtsein, je kompromißloser der revolutionäre Kampf gegen die überall lauernden Feinde ist, desto schneller wird man den Sieg erringen und damit endlich die Voraussetzung für mehr Wohlstand schaffen. Die Mehrheit des Volkes glaubte der revolutionären Führung. In Teheran und in den anderen großen Städten des Iran fanden wieder Massendemonstrationen statt. Neuer revolutionärer Schwung wurde entfacht, die Erfüllung aller weltlichen Wünsche wurde erneut in die Zukunft verlagert. Die Massen wurden so in Bewegung gehalten, die für die Machthaber größte Gefahr war erst einmal gebannt. Und nicht sie waren schuld am Niedergang des Landes, auch nicht der Islam, sondern der böse Feind von draußen.

Für das radikale Lager der islamischen Geistlichkeit indes lag der eigentliche Wert der Geiselaffäre woanders. Erst durch die Botschaftsbesetzung war eine politische Neuorientierung möglich geworden, die zugleich einen Machtzuwachs des fundamentalistischen, islamischen Lagers bedeutete. Die Regierung Bazargan, die eine bürgerliche Demokratie nach westlichem Vorbild anstrebte und allen anderslautenden Erklärungen zum Trotz nicht grundsätzlich gegen Kontakte zum Westen und zu Amerika war, hatte die Botschaftsbesetzung politisch nicht überlebt, sie wurde gestürzt. Die mit ihrer Politik sympathisierenden Repräsentanten des liberalen islamischen Lagers wurden mit Hilfe der gefundenen Botschaftsdokumente politisch mundtot gemacht. Gleichzeitig waren damit die Voraussetzungen geschaffen, daß im Windschatten der Geiselnahme die Jagd auf den innenpolitischen Gegner wieder eröffnet werden konnte. Eine bis dahin selbst während der Schahzeit im Iran nie gekannte Verhaftungs- und Hinrichtungswelle rollte über das Land. Ihre Opfer waren keinesfalls mehr die politischen Repräsentanten der früheren Monarchie, sondern Menschen, die selbst während der Revolution eine aktive Rolle gespielt hatten. Die Revolution begann, ihre eigenen Kinder zu fressen. Eine neue Phase des nachrevolutionären Machtkampfes hatte begonnen.

Nach dem Ende des Geiseldramas kehrte vor der ehemaligen amerikanischen Botschaft wieder Ruhe ein. Als sei nie etwas geschehen, brauste der Straßenverkehr rundum wie eh und je, wurde, von der Außenwelt hermetisch abgeriegelt, eine Hochschule für Revolutionsgardisten eröffnet. Wandmalereien durchaus begabter Graffitykünstler an den Botschaftsmauern dokumentierten den Ablauf der Revolution und den heroischen Sieg über den »Satan Amerika«. Doch kaum ein Passant nahm davon noch Kenntnis. Inzwischen hat man die Hochschule der Revolutionsgardisten wieder aufgelöst, die Wandgemälde wurden abgewaschen. Das ehemalige Botschaftsgelände steht heute leer. Das angebliche Spionagenest hatte seine historische Rolle ausgespielt. Angesichts der neuen Schwierigkeiten der Revolutionsbewegung brauchte man nun einen anderen politischen Blitzableiter.

Viele der ehemaligen Geiselnehmer tauchten in der Anonymität unter. Nur der Weg jener läßt sich nachverfolgen, die damals als Sprecher gegenüber der Öffentlichkeit fungierten: Einige von ihnen zogen später in den iranisch-irakischen Krieg, wo sie an der Front starben. Andere machten politisch Karriere: als Staatssekretär im Außenministerium etwa oder als Botschafter der Islamischen Republik Iran in der Bundeshauptstadt Bonn. Während die Amerikaner das Geiseltrauma bis heute nicht wirklich verwunden haben, spielt die Botschaftsbesetzung im Bewußtsein der Iraner längst keine Rolle mehr. Allenfalls ist sie noch eine verblaßte geschichtliche Erinnerung. Kein Wunder in einem Land, das auch nach Beendigung dieser spektakulären Aktion nicht zur Ruhe kam. Als die freigelassenen Diplomaten das Flugzeug nach Frankfurt bestiegen, hallte gut tausend Kilometer westlich von Teheran Geschützdonner durch die Berge. Der achtjährige iranisch-irakische Krieg hatte bereits begonnen.

Der Ayatollah und die Kommunisten

Die Angst des Westens vor einem Abdriften des Iran in den Einflußbereich des Ostblocks ist so alt wie die Revolutionsbewegung selbst. Schließlich war der Schah einer der verläßlichsten und zugleich wichtigsten Bündnispartner der Amerikaner in der Golfregion. Zudem kam und kommt dem Iran eine besondere geostrategische Bedeutung zu: Der iranische Ölexport und mehr noch die strategischen Ölreserven, die noch unerschlossen in den südiranischen Provinzen am Persischen Golf lagern, sind für die westlichen Industrienationen von existenzieller Bedeutung. Zugleich bildet der Iran, der flächenmäßig in etwa dem Territorium der gesamten Europäischen Gemeinschaft entspricht, einem Puffer zwischen der Sowjetunion und dem Persischen Golf. Aufgrund seiner geographischen Lage und seiner politischen Orientierung hat der Iran bis heute der Sowjetunion den ersehnten Zugang zu den warmen Gewässern – also zum Indischen Ozean – versperrt. Kein Wunder, daß man sich da vor allem in Washington mit jedem Tag, an dem der Sturz des Schahs erkennbar näherrückte, mehr Sorgen um den eigenen hegemonialen Einfluß machte. Die iranischen Revolutionäre identifizierten den Pfauenthron ja mit den USA, und die Revolution richtete sich nicht nur gegen die Monarchie im eigenen Land, sondern gleichermaßen gegen die Vereinigten Staaten. Weshalb sich die verbalen Angriffe gegen Washington nach dem Sieg der Revolution zu wahren politischen Haßtiraden steigerten, die schließlich ihren Höhepunkt in der Besetzung der amerikanischen Botschaft in Teheran fanden. In Washington war man damals mehr noch als heute von einem weltpolitischen Nullsummenspiel überzeugt: Was der eine Weltmachtblock an Einfluß verlor, gewann der andere automatisch hinzu. Nicaragua hatte dafür gerade nach dem Sturz des langjährigen, ebenfalls von den Amerikanern gestützten Diktators Somoza ein drastisches Beispiel geliefert.

Im Westen, und dort vor allem in den USA, saßen Verunsicherung und Mißtrauen tief. In Moskau gab es noch nicht

Michail Gorbatschow mit seiner Reformpolitik und die Russen versuchten den kleinsten tagespolitischen Vorteil für sich zu nutzen. An sowjetischen Anbiederungsversuchen gegenüber dem Iran hat es nie gefehlt. Mal wiesen die Mullahs in Teheran diese Liebdienerei schroff zurück, dann wieder gingen sie – je nach gesamtpolitischer Großwetterlage – bereitwillig darauf ein und stürzten so den Westen in eine noch tiefere Verunsicherung. Die Angst vor einer Ausdehnung des sowjetischen Einflußbereichs in der Region hat die westlichen Reaktionen auf die zahlreichen iranischen Provokationen stark beeinflußt. Sie hat immer dann für Mäßigung gesorgt, wenn die Falken im Westen glaubten, nun müsse man endlich mit eiserner Faust eingreifen. Zurückhaltung war geboten, weil man selbst politisch und vor allem wirtschaftlich im Gespräch bleiben und weil man den Russen keinen Raum zur Expansion bieten wollte. Menschenrechtsverletzungen in der neuen Islamischen Republik wurden deshalb im Westen weniger scharf bewertet als in vergleichbaren anderen Ländern. Verhandlung statt politischer Konfrontation lautete die Devise nach der Geiselnahme in der amerikanischen Botschaft. Die von den Amerikanern und danach unter ihrem Druck auch von der Europäischen Gemeinschaft gegen den Iran verhängten Wirtschaftssanktionen wurden mit stillschweigender staatlicher Duldung nur halbherzig verfolgt. Während des achtjährigen iranisch-irakischen Krieges wogen geostrategische Erwägungen erneut schwerer als der internationale Friedenswunsch, waren die internationalen Waffengeschäfte wichtiger als ein Waffenstillstand. Selbst als Ayatollah Khomeini seinen mörderischen Bannstrahl gegen Salman Rushdie, den Verfasser der *Satanischen Verse*, schleuderte, als er damit jedes internationale Recht brach und die Basis eines zivilisierten Zusammenlebens der internationalen Völkergemeinschaft sprengte, selbst da blieben die Reaktionen im Westen gemessen an der Ungeheuerlichkeit des Geschehenen ausgesprochen moderat. Wieder einmal schwang die Angst vor dem Prankenschlag des russischen Bären im Norden des Iran mit.

Nach der Revolution hatte es im Iran zwar zahlreiche Anzeichen dafür gegeben, daß die Mullahs und Ayatollahs sich aus

Furcht vor dem Westen keinesfalls in die ebenso tödliche Umklammerung des Ostens retten wollten. Doch in Washington war der Blick dafür verstellt, zu einseitig richteten sich in dieser Zeit die revolutionären Schläge gegen den Westen. Was freilich einen einfachen Grund hatte: Der Westen war im Iran präsent, war aus der Sicht der islamischen Geistlichkeit im Gegensatz zur Sowjetunion keine nur denkbare Bedrohung, sondern eine konkret und tagtäglich im eigenen Land erlebte Herausforderung. »Weder Ost noch West, sondern Islamische Republik«, hatte der Leitspruch der Revolution gelautet. Den auf den Westen bezogenen Teil dieser Parole hatte der Iran konsequent umgesetzt. Meinte er es aber auch mit der Unabhängigkeit gegenüber dem Osten ernst? In Washington hatte man da erhebliche Zweifel. Doch Ayatollah Khomeini und seine Gefolgsleute glaubten an ihre Devise. Mehrfach hätten sie sich vor allem im wirtschaftlichen Bereich am eigenen Schopf aus dem tiefen Krisensumpf ziehen können, wenn sie sich auf eine engere Kooperation mit Moskau eingelassen hätten. Sie haben es bis heute nicht getan und – die Prognose sei gewagt – sie werden es auch nicht tun. Trotz aller Schwierigkeiten, trotz aller bitteren Nachteile, Belastungen und auch Bedrohungen haben die neuen Machthaber in Teheran konsequent einen Platz zwischen den beiden Weltmachtblöcken gesucht. Bisher ist weder den Strategen in Washington noch denen in Moskau eine Verlockung eingefallen, mit der sich das islamische Regime von seinem Kurs hätte abbringen lassen. Der Tod von Ayatollah Khomeini hat daran nichts geändert.

Mit Blick auf Moskau gibt es für die Zurückhaltung aus Teheraner Sicht gute Gründe. Nicht erst seit der Revolution hatte man mit den Russen schlechte Erfahrungen gemacht. Die damals von schnödem Opportunismus und von der Suche nach dem eigenen schnellen Vorteil geprägte sowjetische Politik in dieser Region hatte gerade im Iran bereits eine lange Geschichte. Sie spiegelt sich in der wechselvollen Entwicklung der Tudeh wider, der kommunistischen Partei des Iran.

Jahrelang mußte sie taktieren. Aus ideologischen Gründen, aber auch aufgrund der innenpolitischen Konstellationen in Persien reihte sich die Tudeh schon früh in die Anti-Schah-

Front ein. Doch Moskau und die anderen Warschauer-Pakt-Staaten, für die ein Zusammenbruch des Pfauenthrons ebenso unvorstellbar war wie für die Amerikaner, arrangierten sich zur gleichen Zeit mit der Monarchie, suchten die Kooperation mit dem Schah. Eine Episode, die sich keine neun Monate vor dem endgültigen Sturz von Reza Pahlawi ereignete, verdeutlicht dies. Unbotmäßige Linke, verstärkt durch Westberliner Anti-Schah-Demonstranten, hatten die iranische Botschaft in Ostberlin gestürmt. Zu einem Zeitpunkt, da überall im Iran bereits die Barrikaden brannten, reiste DDR-Außenminister Fischer nach Teheran, um mit einem politischen Kniefall am kaiserlichen Hof die Verärgerung seiner Majestät über diesen Zwischenfall zu mildern. Die DDR wie auch die anderen Ostblockstaaten erlagen in ihrer Politik der gleichen Fehleinschätzung wie der Westen: Von der Stabilität des Pfauenthrons überzeugt und von den bärtigen Mullahs mit ihren Turbanen eher irritiert, stellten sie wirtschaftliches Kalkül über ideologische Ansprüche und hielten in Treue am Schah-Regime fest. Ayatollah Khomeini hat ihnen dies nie vergessen.

Die moskauhörige Tudeh-Partei richtete sich damals nach dem großen Bruder und bei den ersten revolutionären Anläufen gegen den Pfauenthron hielt sie sich so für jedermann sichtbar zurück. Die Partei, die damals von der iranischen Linken ebenso abschätzig als »iranische Unterabteilung des Moskauer Außenministeriums« bezeichnet wurde, wie dies heute die Mullahs und Ayatollahs tun, hat in ihrer Geschichte immer treu den von Moskau geforderten Gleichschritt mit dem sozialistischen Vaterland gehalten. Die zahlreichen Widersprüche und Positionswechsel, die sie seit ihrer Gründung im Oktober 1941 durchgemacht hat, waren selten das Ergebnis eigener parteiinterner Richtungskämpfe. Sie spiegelten vielmehr direkt das wechselvolle Verhältnis der Sowjetunion zu seinem südlichen Nachbarn wider. Als die Russen am Ende des zweiten Weltkrieges in der iranischen Provinz Aserbeidjan eine unabhängige Volksrepublik gründeten, stützte die Tudeh anstandslos diese Fremdherrschaft ideologisch ab. Zugleich schwor sie ihrer bis dahin gültigen Forderung ab, im Iran dürften grundsätzlich keinem Ausländer Ölförderrechte zugestanden werden – einer nationalen Forderung, die man einst mit Blick auf die in den südpersischen Ölprovinzen tätigen Briten erhoben hatte.

Nachdem die Russen sich im Norden aber nun mit der Gründung der Unabhängigen Volksrepublik Aserbeidjan Zugang zum Iran verschafft hatten, schwenkte die Kommunistische Partei im Iran sofort um. Sie verlangte jetzt die Vergabe einer Konzession für die Ölförderung an die Russen. Als 1951 die durch eine nationale Koalition an die Macht gekommene Regierung Mossadegh damit begann, die Ölindustrie im Iran zu verstaatlichen, wehrte sich die Tudeh-Partei, den Wunsch Moskaus im Hinterkopf, entschieden dagegen. Dieser Widerspruch zur eigenen Parteilinie war politisch jedoch nicht durchzuhalten. Praktisch über Nacht vollzog die Tudeh einen erneuten Positionswechsel: »Ölverstaatlichung ja, aber nur im Süden des Landes!« Dort bohrten damals allein die Briten nach Öl. Die Russen hatten sich im Norden des Iran festgesetzt.

Zum endgültigen Bruch zwischen der Tudeh und dem Rest der Nationalen Bewegung kam es dann 1953. Am 16. August dieses Jahres zwang die Regierung Mossadegh den Schah und seine damalige Frau Soraya, das Land zu verlassen. Beide gingen ins römische Exil. Drei Tage später kam der Gegenputsch, der in der amerikanischen Botschaft in Teheran vorbereitet worden war. Schahtreue Truppen griffen die Hauptstadt an, wo die kommunistischen Offiziere Gewehr bei Fuß standen. Doch der Einsatzbefehl für sie kam nicht, »weil der Kampf ohnehin aussichtslos gewesen wäre«, wie sich die Tudeh-Partei später rechtfertigte. Die persische Linke und die Bürgerlich-Liberalen bewerteten diesen Vorgang jedoch anders: In Wirklichkeit habe Moskau den Ministerpräsidenten Mossadegh fallenlassen, die Tudeh habe sich dabei als treuer Erfüllungsgehilfe, als fünfte Kolonne in Teheran betätigt. Diese Einschätzung teilt auch die heute herrschende islamische Geistlichkeit.

Drei Ziele verfolgte der Kreml damals nach allgemeiner iranischer Überzeugung: Die Verhinderung politisch instabiler Verhältnisse an seiner südlichen Grenze, den Sturz der Regierung Mossadegh, die nicht nur gegen den westlichen, sondern auch gegen den östlichen Imperialismus antreten wollte und schließlich die Beibehaltung der auf Jalta mit dem Amerikanern abgesprochenen geopolitischen Einflußbereiche. Dieser Verrat an der nationalen Sache Mossadeghs wirkt bis heute nach, die Tudeh-Partei und damit zugleich Moskau fanden im Iran nirgendwo mehr Bündnispartner. 1963, als sich unter der Führerschaft von Ayatollah Khomeini der Klerus mit seinen Anhängern gegen die »weiße Revolution« des Schahs auflehnte und dafür blutig niedergemetzelt wurde, wiederholte sich das gleiche Spiel: Erneut stand die UdSSR an der Seite des Schahs. Am 5. Juni 1963 meldete Radio Moskau, daß sich eine reaktionäre Bande islamischer Geistlicher gegen den persischen Kaiser aufgelehnt habe. Es war jener Aufstand, der für Ayatollah Khomeini den Weg ins Exil bedeutete. Ein Exil, das bis zum Sieg der islamischen Revolution dauern sollte. Auch das hat der greise Revolutionsführer zeit seines Lebens den Russen weder vergessen noch vergeben. Als 1980 die amerikanische Botschaft in Teheran von studentischen Geiselnehmern besetzt war und viele glaubten, daß sich die junge Islamische Republik jetzt den Russen zuwenden werde, ließen die Mullahs an die Außenmauern der sowjetischen Botschaft in Teheran in großen Lettern schreiben: »Die Briten sind die großen Kolonialisten, die Amerikaner sind die großen Imperialisten, die Russen sind schlimmer als beide zusammen.« Ein Spruch, der die historischen Erfahrungen des Klerus mit Moskau und dem Kommunismus zusammenfaßte.

Die politischen Wechselbäder, denen sich die Tudeh-Partei aus leicht durchschaubaren Gründen unterzog, hielten auch während und nach der Revolution an. Erst im September 1978 und damit ebenso spät wie die Amerikaner schwenkte Moskau in seiner Iran-Politik um, ließ den Schah fallen und setzte nun voll auf die Revolutionsbewegung. Die neue Positionsbestimmung des Kreml war gerade erst im Iran bekannt geworden, als die Tudeh-Partei auch schon auf offenen Oppositionskurs ging. Tausende gläubiger Moslems und intellektueller Linker waren zu der Zeit schon in den Straßenschlachten gegen die Ordnungstruppen des Schahs zu Tode gekommen. In einer Erklärung ihres Zentralkomitees forderte die Tudeh-Partei am 4. September 1978 dann das, was es – bis dato allerdings ohne

Beteiligung der Kommunisten – schon längst gab: Die Bildung einer antidiktatorischen Front, deren Ziel zunächst im Sturz des Schah-Regimes und der Liquidierung der Monarchie bestehen sollte. Nach dem Sieg der Revolution ist sich die Tudeh mit Ayatollah Khomeini einig darüber, daß nun die erste Phase der Volksrevolution beendet ist. »Damit beginnt die zweite Phase«, hieß es damals lapidar in einer Erklärung der Tudeh-Partei. Diese zweite Stufe allerdings hatten sich die Kommunisten anders vorgestellt. Sie forderten eine Koalition aller nationalen Kräfte. Im Bündnis mit der revolutionären Geistlichkeit sollte im Rahmen einer nationalen und sozialen Revolution der Weg für den Übergang in eine sozialistische Gesellschaft bereitet werden. Direkt ausgesprochen hat die Tudeh-Partei es nie. Man kann aber davon ausgehen, daß in dieser anvisierten Gesellschaft für die Mullahs und Ayatollahs keine politische Rolle mehr vorgesehen war. Als spürbar wurde, daß unter der Führerschaft von Ayatollah Khomeini die fundamentalistisch-islamischen Kräfte den neuen Staat alleine aufbauen wollten und dazu auch die nötige Kraft hatten, vollzog die Tudeh einen erneuten Schwenk. Die Vorstellung einer allumfassenden nationale Koalition wurde fallengelassen. Zwei Monate nach dem Sieg der Revolution hieß es in einer Erklärung des Zentralkommitees der iranischen Kommunisten: »Die Tudeh-Partei Irans unterstützt die Initiative seiner Heiligkeit, Ayatollah Khomeini, in Bezug auf die Verkündung einer Islamischen Republik. Sie wird sich voll und ganz für deren Realisierung einsetzen.« In ihrer Selbstverleugnung gingen die Kommunisten noch einen Schritt weiter. Sie unterstrichen ausdrücklich den Anspruch von Ayatollah Khomeini, als Stellvertreter Gottes auf Erden ausschließlich göttliche Gesetze auszuführen. Offiziell erkannten sie an, daß im Iran ab sofort alles im Namen Gottes geschah: Für eine Ideologie, die die Existenz Gottes leugnet, war dies eine bemerkenswerte und für Kommunisten bis heute auch einmalige Erklärung.

Zunächst ging die Rechnung auf: Die Kommunisten waren für die um nachrevolutionäre Stabilität bemühten Ayatollahs keine Gefahr. Sie ließen sie gewähren und widmeten sich statt dessen mit blutigem Eifer der Jagd auf innerislamische Oppositionelle der politischen Linken und aus dem im islamischem Sinn als dekadent empfundenen bürgerlichen Lager. »Erst wenn wir den inneren Widerstand gegen unsere göttliche Herrschaft gebrochen haben, wenn der Führungsanspruch von Ayatollah Khomeini gesichert ist«, argumentierte man damals in Kreisen des Klerus, »werden wir uns auch um diese gottlosen Opportunisten kümmern.« Der Tag sollte kommen. Doch erst durchlebte die Tudeh-Partei noch ein politisches Zwischenhoch, denn vorübergehend brauchte Teheran die Unterstützung Moskaus.

Die Geiselnahme in der amerikanischen Botschaft trieb den Iran in die internationale Isolation. Politisch konnte man damit leicht fertig werden, innerhalb der Wirtschaft aber mußte das Land – bis dahin allein von westlichen Zulieferungen abhängig – für einen Ausgleich sorgen. Die Russen und mit ihnen der gesamte Ostblock boten sich freiwillig an, versprachen alles, was gewünscht wurde, hielten davon dann aber fast nichts. Die benötigten Rohstoffe und Ersatzteile konnten sie nicht liefern, andere Importgüter wurden von Moskau im Westen aufgekauft und auf dem Umweg über die Sowjetunion in den Iran geliefert – allerdings mit einem von den Russen einbehaltenen kräftigen Preisaufschlag. So hatten sich die Mullahs das nicht vorgestellt. Mit einem erstaunlichen, im Koran so nicht vorgesehenen Pragmatismus warfen sie das Ruder herum, wie sie es immer dann taten und tun, wenn es keinen anderen Ausweg gibt. Die Beziehungen zu Moskau wurden merklich kühler. Die Botschaftsbesetzung war mit der Freilassung der festgehaltenen Diplomaten zwar nicht grundsätzlich, aber zumindest tagespolitisch ausgestanden. Der Westen, froh, die Wirtschaftssanktionen beenden zu können, war in Teheran wieder präsent. Zugunsten der dringend erforderlichen wirtschaftlichen Wiederbelebung wurden hehre islamische Prinzipien wieder aufgegeben: »Bei der Einstellung von Ärzten und Ingenieuren – so eine Regierungserklärung im Jahr 1983 – soll ab sofort wieder nach fachlicher Eignung und nicht nach islamischer Glaubenskraft eingestellt werden.«

Das Ergebnis dieser islamischen Wende: eine ökonomische Öffnung gegenüber dem Westen, das Wiederanknüpfen alter

Wirtschaftskontakte. Moskau war in Teheran plötzlich nicht mehr gefragt, politische Rücksichtnahmen schienen nicht mehr notwendig. Daß die Ayatollahs in solchen Fällen pragmatisch verfahren können, hatten sie mehrfach bewiesen. Russische Diplomaten und ihre iranischen Vasallen in der Tudeh-Partei bekamen es jetzt zu spüren. Auf die einen wartete die Ausweisung, auf die anderen der Henker.

Fast die gesamte Führung der Kommunistischen Partei wurde verhaftet. Zwei Monate später traten die einstigen Tudeh-Funktionäre mit Selbstbezichtigungen im iranischen Fernsehen auf: Spionage für die Sowjetunion sowie die Weitergabe geheimer politischer und militärischer Dokumente an die russische Botschaft in Teheran, gab der Tudeh-Vorsitzende, Nuredine Kianuri, öffentlich zu. Ob aufgrund einer entsprechenden »medizinischen« Behandlung wie, viele vermuten, oder aufgrund Moskauer Weisung oder auch nur ganz einfach, weil es tatsächlich so war, konnte bis heute nicht geklärt werden. Für jedermann ersichtlich war aber, daß dieses im Fernsehen vorgetragene Schuldbekenntnis nichts anderes war als die Ankündigung der eigenen Hinrichtung. Genau das aber passierte nicht. Fast der gesamte Funktionärskader der Tudeh-Partei wurde hingerichtet, nicht jedoch ihre Spitzenfunktionäre. Moskau nahm es schweigend hin. Das geopolitische Kalkül war wichtiger als das einzelne Schicksal. Man wollte im Gespräch bleiben, was für beide Seiten gleichermaßen galt.

Innerhalb des Irans spielt die Tudeh-Partei seither keine Rolle mehr. Ihre Anbiederungspolitik gegenüber den Gefolgsleuten Allahs hatte zwar ihre organisatorische Lebenszeit verlängert, sie aber letztendlich doch nicht vor dem politischen Tod bewahren können. Auch im Untergrund spielen die Kommunisten heute keine nennenswerte Rolle. Das rein taktisch bestimmte Verhältnis der Ayatollahs zum atheistischen Kommunismus ist kein inneriranisches Thema mehr, sondern allenfalls im Rahmen geostrategischer Überlegungen ein Problem der internationalen Politik. Doch auch da hat sich Moskau schwergetan, eine klare Einstellung gegenüber dem Revolutionsregime in Teheran zu finden.

Rund 50 Millionen Moslem leben in der Sowjetunion, vorwiegend in den südlichen Republiken entlang der Grenze zum Iran und zu Afghanistan. Immer wieder wurde vermutet, daß der Kreml deshalb verunsichert ist und Angst davor hat, der Revolutionsfunke der islamischen Fundamentalisten könne auf den moslemischen Teil des eigenen Landes überspringen. Tatsächlich hat Moskau die Religionszugehörigkeit seiner Moslems politisch in Rechnung gestellt. Dies allerdings nicht im Iran, sondern in Afghanistan. Aus Furcht vor einer religiösen Verbrüderung wurden dort während der militärischen Besetzung grundsätzlich keine aus den moslemischen Republiken stammende Rotarmisten eingesetzt. Sonst aber gibt es keinen Hinweis darauf, daß die Angst vor einem Religionskrieg die Politik Moskaus gegenüber den islamischen Nachbarn beeinflußt haben könnte. Mit der Invasion in Afghanistan und der darauffolgenden jahrelangen militärischen Besatzung hatten die Russen aus Teheraner Sicht nicht nur ihr imperialistisches Gesicht enthüllt, sie hatten vielmehr auch die islamischen Glaubensbrüder blutig unterjocht. Während des iranisch-irakischen Krieges waren es vor allem russische Panzer und Geschütze, die den iranischen Truppen das Leben an der Front schwer machten. Formal war Moskau dem Regime in Bagdad aufgrund eines gegenseitigen Freundschaftsvertrages verbunden. In den Jahren vor der Auseinandersetzung war die Sowjetunion der wichtigste Rüstungslieferant des Irak gewesen. Auch die Mittelstreckenraketen, die gegen Ende des Krieges mit ihrer tödlichen Last in den großen iranischen Städten einschlugen, stammten aus der Rüstungsschmiede des Ostblocks. Daß die Russen sich – sie waren übrigens nicht die einzigen – mit beiden kriegführenden Parteien zu arrangieren versuchten, änderte für Teheran nichts. Angebotene Lieferungen wurden, der Not gehorchend, dankend angenommen. Doch diese Rüstungsgeschäfte schufen keinerlei politische Abhängigkeit. Eisern hielt der Iran bis auf den heutigen Tag an seiner Devise »weder Ost noch West« fest.

Als im Februar 1989 und damit auf dem Höhepunkt der durch die Salman Rushdie-Affäre ausgelösten Kampgne gegen Europa und die USA der sowjetische Außenminister Schewardnadse zu einem bereits länger geplanten Besuch in Teheran eintraf, fühlten sich im Westen viele wieder in ihrer Angst bestätigt, der Iran könne doch noch in den Ostblock abdriften. Es waren erneut unnötige Befürchtungen. Übersehen wurde dabei, welchen unüberwindbaren Stellenwert der Koran und der Islam als in sich geschlossenes Gesellschaftssystem im politischen Denken der Ayatollahs hat. Schewardnarse, für den Teheran nur eine Station auf seiner Nah- und Mittelostrundreise war, versuchte denn auch gar nicht erst, im Iran zusammen mit den Mullahs eine antiwestliche Front aufzubauen. Moskau wollte vielmehr im Nahen Osten als Großmacht und damit auch als Ordnungsfaktor wieder Fuß fassen. Der Besuch in Teheran sollte die Sowjetunion auch optisch aus ihrer einseitigen Bindung an den Irak herausführen. An solchen geostrategischen Überlegungen einer Großmacht hat der Iran aber keinerlei Interesse: Aus Teheraner Sicht bleibt die Sowjetunion ein ebenso imperialistisches Monster wie es Amerika ist. Die Invasion in Afghanistan und das Verhalten Moskaus während des Golfkrieges sind einfach unverzeihbar. Zudem, und das wiegt schwerer als alles andere, ist der Kreml einer gottlosen Ideologie verpflichtet. Nach Auffassung der Ayatollahs steht er damit nicht auf der Seite der Partei Gottes, sondern auf der des Satans.

Den sowjetischen Staats- und Parteichef Michail Gorbatschow mag es verwundert haben, als Ayatollah Khomeini 1989 in einer an ihn gerichteten Neujahrsbotschaft eben diesen Punkt ansprach. Der Ayatollah pries darin den Mut Gorbatschows, eine Denkschule zu revidieren, »die jahrelang die revolutionäre Jugend der Welt hinter ihren eisernen Mauern gefangenhielt.« In seiner Grußbotschaft stellte der Imam jedoch weiter kompromißlos fest: »Wenn sie aber darüber hinausgehen wollen, wird die Revision der Politik Ihrer Vorgänger, die Gott und Religion aus der Gesellschaft verbannten und so den Völkern der Sowjetunion den größten Schlag versetzten, der erste Schritt sein, der sie zum Erfolg führt. Sie sollen wissen, daß nur so den Realitäten der Welt Rechnung getragen werden kann ... Exzellenz, wir müssen den Tatsachen ins Auge sehen. Die Hauptschwierigkeit Ihres Landes ist nicht durch die Fragen des Eigentums, der Wirtschaft und der Freiheit entstanden. Ihr Problem besteht darin, daß Sie nicht wirklich an Gott glauben. Genau dies hat den Westen in die Dekadenz und Sackgasse geführt. Ihr Hauptproblem ist Ihr langer und sinnloser Kampf gegen Gott und den Ursprung seiner Existenz und Schöpfung.« Man kann davon ausgehen, daß die Russen trotz aller Schwierigkeiten mit Glasnost und Perestroika auch künftig ihr Heil nicht im Koran suchen werden. Doch Ayatollah Khomeini meinte seinen Vorschlag ernst, der Sowjetunion durch eine breite Islamisierung auf die Beine zu helfen. Am Ende seiner Botschaft stellte der Imam fest: »Zum Schluß möchte ich ausdrücklich erwähnen, daß die Islamische Republik Iran als die größte und mächtigste Basis der islamischen Welt sehr leicht das Glaubensvakuum Ihres Systems ausfüllen kann.«

Je härter im Iran der Machtkampf zwischen einer radikalen und einer gemäßigten islamischen Fraktion tobt, desto häufiger wird es anti-westliche Kampagnen geben. Sie sind ein Mittel der Radikalisierung, um so im Innern die Gemäßigten in die Defensive zu drängen. Doch die damit verbundenen Abschottung gegenüber dem Westen wird, solange die Ayatollahs im Iran an der Macht sind, keinesfalls zu einer gleichzeitigen Öffnung gegenüber dem Osten führen. Der Bruch zwischen dem Islam und dem atheistischen Kommunismus ist zu tief, als daß er noch irgendeinen Raum für politische Gemeinsamkeiten bieten könnte.

Acht Jahre Krieg

»Je mehr der Iran blutet, umso eher wird die Revolution siegen.« Mit dieser martialischen Feststellung aus dem Jahre 1979 nach der Rückkehr in die heilige Stadt Ghom mag Ayatollah Khomeini an den nachrevolutionären Machtkampf gedacht haben, an die gnadenlose Härte, ohne die ein Umbruch nicht vollzogen werden, eine Revolution nicht siegen kann. An den achtjährigen Krieg mit dem Irak, der dem Iran das größte Blutopfer überhaupt abverlangen sollte, hat er damals mit Sicherheit noch nicht gedacht. Dafür schien der revolutionäre wie auch der nachrevolutionäre Iran zu sehr mit sich selbst beschäftigt. Und die drohenden Signale, die es für die heraufziehende Katastrophe durchaus schon gab, gingen im Chaos der Monate nach dem Umsturz unter.

Khomeini hatte von Anfang an keinen Zweifel daran gelassen, daß sich seine islamische Revolution nicht allein auf den Iran beschränken wird, daß er vielmehr die gesamte islamische Welt vom Joch der politischen, wirtschaftlichen und kulturellen Fremdbestimmung befreien will, daß der von ihm angestrebte Gottesstaat auf Erden keine nationalen Grenzen kennen kann. Noch bevor die Revolution in Teheran gesiegt hatte, wurde dort schon vom Revolutionsexport geträumt. Träume, die sich fast zwangsläufig auf den benachbarten Irak richten mußten. Beide Länder verbindet eine mehr als nur konfliktbeladene gemeinsame Geschichte. Religiöse Gründe kommen hinzu: Knapp die Hälfte der irakischen Bevölkerung bekennt sich zum schiitischen Islam, gehört also zu jener Glaubensgemeinschaft, die von Ayatollah Khomeini repräsentiert wird. Schon immer wurden die Schiiten im Irak diskriminiert. Das technokratische Baath-Regime des Sadam Hussein in Bagdad und der sunnitische Klerus haben im Irak die gesellschaftliche Macht untereinander aufgeteilt. Die Schiiten hatten nie eine Chance. Weder politisch noch wirtschaftlich. Für Ayatollah Khomeini stand mit dem Regime in Bagdad zudem noch eine ganz andere Rechnung offen. Während seines dreizehnjährigen Exils im irakischen Nadjaf hatte ihm das dortige Regime jede politische Betätigung untersagt, und am Ende war er in Schimpf und Schande aus dem Land gejagt worden, das ausgerechnet auch noch auf eine entsprechende Bitte des Schahs.

Gleichwohl stand man in Bagdad der Revolution des Ayatollah Khomeini am Anfang keinesfalls ablehnend gegenüber. Der Sturz des Schahs, der mit amerikanischer Unterstützung den dominierenden Machtfaktur in der Golfregion bildete, verschaffte dem Regime in Bagdad vermeintlich neuen Handlungsspielraum. Es konnte aus dem Schatten des übermächtigen iranischen Nachbarn heraustreten und alte Träume von der eigenen Vorherrschaft in der Region wieder neu beleben. Zudem hoffte man darauf, daß die Revolutionäre im Iran nicht auf dem gesamten nationalen Erbe der Monarchie bestehen würden. Das erwies sich allerdings schon bald als ein Irrtum. Khomeini wollte seinen Einflußbereich schließlich nicht freiwillig verkleinern, ganz im Gegenteil. Er wollte seine Revolution über die Grenzen des Iran hinaustragen. Deshalb mußten die unmittelbar nach dem Umsturz von Bagdad aus formulierten Forderungen in Teheran auf taube Ohren stoßen. Damals verlangte der Irak eine Neufestlegung der Grenze auf den gemeinsamen Grenzfluß Shatt-el-arab, die auch heute nach dem achtjährigen Krieg noch das entscheidende Hindernis auf dem Weg zum Frieden ist. Für die Ayatollahs kam das nie in Frage. Dieser Streit über die Hoheitsrechte auf dem Grenzfluß reicht über 400 Jahre zurück. Seitdem haben Irak und Iran immer wieder versucht, sich die Kontrolle über den Zusammenfluß von Euphrat und Tigris gegenseitig zu entreißen.

Als Erbe der Türken hatte Bagdad einst die Hoheitsrechte übernommen. Bis 1975 besaß der Irak die volle Souveränität über den Wasserlauf, der für das Land den einzigen Zugang zum Persischen Golf bildet und an dem mit Basra auch der größte irakische Hafen liegt. Auf einer gemeinsamen Konferenz in Algier beugte sich der Irak dem Druck des iranischen Nachbarn und stimmte einer Grenzziehung auf der Mitte des Flusses zu. Er tat dies nicht ohne Not. In den Jahren zuvor war das Regime in Bagdad ernsthaft in Gefahr geraten, weil die kurdische Minderheit unter ihrem legendären Führer Barzani zum bewaffneten Aufstand gerufen hatte. Waffen und Geld

lieferte großzügig der Schah in Teheran. Aber auf dem Gipfel-
treffen in Algier verkaufte der Schah seine langjährigen kurdi-
schen Bündnisgenossen. Als Gegenleistung für die Neufestlegung der Grenze auf dem Shatt-el-arab entzog er den in den

Die brennenden Ölfelder von Abadan:
Nach acht Jahren Krieg sind der Iran und der Irak
nicht nur wirtschaftlich am Ende.

(Keystone)

nördlichen Grenzgebieten operierenden Kurden jede Unterstützung. Dem Regime in Bagdad war es nun ein leichtes, den inneren Feind blutig niederzumetzeln. Kaum war das für den Irak so bedrohliche Kurdenproblem mit Waffengewalt gelöst, wollte die Führung in Bagdad von der neuen Grenzziehung auf dem Wasserlauf nichts mehr wissen. Der Irak sei damals in Algier vom Schah erpreßt worden, das Abkommen habe daher völkerrechtlich keine Gültigkeit. Wenn Ayatollah Khomeini tatsächlich eine echte anti-imperialistische Revolution betreibe, so die Argumentation Bagdads, dann müsse er als Beweis dafür das Abkommen von Algier annullieren. Doch der Ayatollah dachte nicht daran. Hier beharrte er kompromißlos auf dem Erbe des Schahs. Bagdad und Teheran stehen sich auch heute noch in dieser Frage so unversöhnlich wie schon immer gegenüber.

Drei kleine Inseln, die am Ausgang der Straße von Hormuz der Küste der Vereinigten Arabischen Emirate vorgelagert sind, bildeten den zweiten Konflikthintergrund für den langjährigen Krieg. 1971 hatte der Schah diese drei Inseln militärisch besetzen lassen und griff zu seiner Rechtfertigung tief in die Geschichte des 19. Jahrhunderts zurück. Damals hatten die auf den Inseln lebenden Volksstämme einen Tribut an Persien gezahlt, womit nach Ansicht des Schahs sein Hoheitsanspruch wirksam belegt war. Die drei Inseln, die auch heute noch vom Iran kontrolliert werden, wurden aber nicht allein wegen ihrer strategisch bedeutsamen Lage am schmalen Eingang zum Persischen Golf besetzt. Damals glaubten vielmehr amerikanische und britische Ölkonzerne, daß sich in den Gewässern rund um diese Inseln reichhaltige Ölquellen befinden würden. Bagdad hingegen sah sich mit dem Beginn der iranischen Revolution als Erbe des Schahs in der Rolle einer regionalen Führungsmacht in der Golfregion und reklamierte daher die Inselgruppe als eine strategisch wichtige Basis für sich.

Das politische Zentrum der iranisch-irakischen Auseinandersetzungen aber lag und liegt in der südiranischen Ölprovinz Khusistan, einer Provinz, die vom Irak schon immer demonstrativ »Arabistan« genannt wurde. Unter Hinweis auf die dort lebende arabische Bevölkerung, die der sunnitischen

Glaubensgemeinschaft angehört, hatte der Irak mit dieser Namensgebung schon vor der Revolution faktisch seinen Gebietsanspruch angemeldet. Nach dem Sieg Khomeinis stellte Bagdad dann die Forderung auf, den Arabern in Khusistan Autonomie zu gewähren, was man in Teheran durchaus richtig als den Versuch interpretierte, die reiche Ölprovinz aus dem iranischen Nationalstaat herauszulösen. Unmittelbar nach der Revolution brachen in Khusistan Unruhen aus. Brücken wurden gesprengt, Ölpipelines in die Luft gejagt und in den Basarvierteln Bomben gelegt. Es gibt keinen Zweifel daran, daß diese Anschläge von irakischem Gebiet aus organisiert wurden. Die Revolutionäre in Teheran schlugen schon damals hart zurück: Die nach Autonomie in der Ölprovinz strebende »politische Organisation des arabischen Volkes« wurde gewaltsam zerschlagen, was jedoch nicht der einzige Grund dafür war, warum später den in der Ölprovinz vorrückenden irakischen Truppen die erhoffte Hilfe der arabischsprechenden Bevölkerung versagt blieb. Trotz der lautstark angemeldeten arabischen Minderheitenrechte fühlten sich nämlich die Nachfahren der Araber in Khusistan aller Propaganda Bagdads zum Trotz als Iraner. Für sie sollte aus Khusistan nicht Arabistan werden. Die nationale Bindung war stärker als die religiöse und ethnische Zugehörigkeit. So, wie das umgekehrt bei den Schiiten im Irak auch der Fall war: Khomeinis Revolutionäre hatten ihrerseits auf deren Unterstützung spekuliert, aber auch sie hatten sich dabei verrechnet.

Als deutlich wurde, daß Ayatollah Khomeini sowohl am Shatt-el-arab wie auch auf der Inselgruppe im Golf und in der Ölprovinz Khusistan an dem nationalen Erbe des Schahs festhielt, verschärften sich die Spannungen zwischen beiden Ländern. Schon wenige Monate nach der Revolution rückte ein neuer islamischer Bruderkampf bedenklich nahe. Es kam zu Truppenkonzentrationen auf beiden Seiten entlang der Grenze, zuweilen auch schon zu gegenseitigem schweren Artilleriefeuer, Panzereinsätzen, hier und da auch schon zu Luftkämpfen. Doch die Konflikte blieben örtlich begrenzt. Gleichwohl wurde der Propagandakrieg von beiden Seiten immer schärfer geführt, wurde das Säbelrasseln immer lauter. Der

Irak schob gleich mehrere zehntausend Schiiten persischer Abstammung bei Nacht und Nebel über die grüne Grenze in den Iran ab. Die Revolutionäre in Teheran reagierten zunächst noch verbal. Sie forderten ihre schiitischen Glaubensbrüder im benachbarten Irak auf, gegen das anti-islamische Militärregime in Bagdad zu revoltieren. Sie versprachen, den »jüngsten Knecht Amerikas«, Sadam Hussein, hinwegzufegen. Er werde, so Ayatollah Khomeini damals, »das korrupte Baath-Regime ebenso in den Mülleimer der Geschichte werfen wie das Regime des Schahs«. Nicht nur im Iran werde man allen irakischen Eindringlingen die gerechte Strafe zukommen lassen, man werde vielmehr den aggressiven Feind auch innerhalb seiner eigenen Landesgrenzen jagen.

Trotz der aufgeladenen und feindseligen Atmosphäre traf die Iraner der erste Schlag dann doch wie ein Blitz aus heiterem Himmel: Am frühen Nachmittag des 22. September 1980 tauchten über Teheran plötzlich irakische Jagdbomber auf, warfen über dem militärischen Teil des Flughafens ihre tödliche Fracht ab und waren dann ebenso schnell wieder verschwunden, wie sie gekommen waren. Zur gleichen Stunde flogen mehrere irakische Luftverbände Angriffe auf Militärstützpunkte im Süden des Iran. Irakische Heeresverbände überschritten die Grenze und begannen ihre Invasion in den Iran. Der achtjährige iranisch-irakische Krieg hatte begonnen.

Es war ein Krieg, der nicht nur den historischen Streit um die Hoheitsrechte zum Hintergrund hatte. Vielmehr gab es für ihn aktuelle politische Gründe. Es war ein Krieg, der nicht aus einer Position der vermeintlichen Stärke heraus geführt wurde, sondern wegen der innenpolitischen Schwäche beider Regime. Bagdad wie Teheran kam dieser Krieg durchaus gelegen. Das Regime von Sadam Hussein stand damals innenpolitisch unter schwerem Druck. Wirtschaftliche Schwierigkeiten waren dafür verantwortlich, aber auch die Unfähigkeit des technokratischen Militärregimes, zwischen den beiden Gemeinschaften ein und desselben islamischen Glaubens einen Ausgleich zu finden. Die fehlende politische Phantasie, der damit verbundene Mangel an Problemlösungen im Irak selbst, sollten mit der Bedrohung von außen überdeckt werden. Der gegen die

Revolutionsbewegung von Ayatollah Khomeini geschürte Kriegshaß war für das Regime in Bagdad ein politischer Blitzableiter, der von den Schwierigkeiten im Inneren ablenken sollte. Zudem fühlte sich Bagdad damals durch die nachrevolutionäre Entwicklung im benachbarten Iran herausgefordert und bedroht zugleich. Herausgefordert, weil das laizisitische Regime die historische Chance sah, sich nach dem Sturz des Schahs nun seinerseits zur regionalen Großmacht aufzubauen. Bedroht, weil Khomeinis Ankündigung eines Exports der islamischen Revolution sich gegen den Irak richten mußte. Für Sadam Hussein war der Kriegsbeginn die Flucht nach vorn. Bevor sich die neuen politischen Strukturen im nachrevolutionären Iran verfestigen konnten, bevor der Ayatollah seine Revolutionsgarden zu einer schlagkräftigen Truppe aufbauen und die durch den Sturz des Schahs an den Rand der Selbstauflösung gedrängte iranische Armee wieder Tritt fassen konnte, wollte er den vermeintlich wehrlosen Gottesstaat militärisch überrollen. Fast wäre die Rechnung aufgegangen, denn die iranische Armee, der vor allem der Klerus mit tiefem politischen Mißtrauen begegnete, war tatsächlich kaum mehr existent. Die Revolutionsgarden waren zwar fest im Glauben an ihren Führer Khomeini, aber sie waren kampfunerfahren und zudem als religiöse Feuerwehr gegen die überall im Lande aufkeimenden Unruhen der ethnischen Minderheiten unterwegs.

Die Minderheiten machen mobil

Ein weiteres Kalkül kam hinzu: Die Hoffnung nämlich, daß die zahlreichen ethnischen Gruppen im Iran den durch die Bindung der Sicherheitskräfte an der Front aufgebrochenen Freiraum nutzen, sich gegen die neuen Herrscher in Teheran auflehnen und so das islamische Revolutionsregime von innen her aushebeln würden. Der Iran ist ein Vielvölkerstaat, in dem während der Schah-Zeit jedes Streben dieser Volksstämme nach politischer und kultureller Autonomie mit brutaler Gewalt von der Zentralmacht in Teheran zerschlagen wurde. Mit dem Sieg der Revolution glaubten diese Minderheiten, am Ziel ihrer Wünsche angelangt zu sein. Allen voran nutzten die

Kurden im Nordwesten des Landes die nachrevolutionären Wirren und das vermeintliche Fehlen jeder zentralstaatlichen Autorität dazu aus, ihre Provinzautonomie zu etablieren: Eine eigene Verwaltung, eigene Sicherheitskräfte, eigene Schulen, in denen wieder die eigene Sprache in Liedern und Gedichten gepflegt wurde. Dieses Konzept mußte zwangsläufig mit den Vorstellungen der neuen religiösen Machthaber in Teheran kollidieren. Wo eine politische Führung vom eigenen Selbstverständnis her mit dem Anspruch angetreten ist, nichts anderes zu tun, als die göttlichen Gesetze auf Erden auszuführen, bleibt kein Spielraum für nationale Besonderheiten. Die göttlichen Gesetze sind ebenso wenig teilbar wie die Lehren des Propheten. Gerechtigkeit für jedermann ist in der islamischen Verkündung zwangsläufig eingeschlossen, die Rechte und Pflichten bedürfen daher keiner gesonderten, nach Volksstämmen unterscheidenden Regelung. Mit dieser Begründung hatte man in Teheran das Minderheitenproblem wegdefiniert, nicht aber gelöst. Zumal die Ayatollahs nicht nur an der tradierten zentralstaatlichen Ordnung festhielten, sondern diese auch mit nicht gerade zimperlichen Methoden durchzusetzen versuchten.

Unverständnis, zum Teil aber auch Desinteresse an den wirklichen Problemen ließen sie von politischem Separatismus und von Konterrevolution sprechen, wo es nur um die kulturelle Identität der ethnischen Minderheiten ging. Blutige Unruhen waren die zwangsläufige Folge, erst in Kurdistan, dann bei den Arabern in Khusistan, bei den Turkmenen und den türkischstämmigen Aserbeidjanern im Norden des Landes, bei den Balutschen und Bakhtiaris im Süden. Die als Ersatz für die politisch unzuverlässige Armee direkt nach der Revolution aufgestellten Revolutionsgarden erhielten hier ihre Feuertaufe. Es war eine gleichermaßen blutige wie schmerzhafte Erfahrung, die sie nur aufgrund einer Tatsache einigermaßen glimpflich überstehen konnten. Zwischen den aufmuckenden nationalen Minderheiten gab es keinerlei politische Koordination. So konnte der Ring, den ihre Siedlungsgebiete um die Zentralprovinz und die Hauptstadt Teheran legen, nie zugezogen werden. Keine Koordination bedeutete eine Zersplitterung der Widerstandskraft. Der Aufstand der Minderheiten wurde weder gemeinsam noch zeitgleich geprobt.

Die Hoffnungen des irakischen Regimes auf einen inneren Zerfall der neuen Islamischen Republik erfüllten sich daher nicht, weil der von Bagdad erwartete gemeinsame Kampf der Minderheiten im Iran gegen den Zentralstaat nicht stattfand. Eben weil es sich entgegen der in Teheran verbreiteten Einschätzung bei den Minderheiten nicht um Separatisten handelte, sondern um Bewegungen, die sich innerhalb eines iranischen Nationalstaates allein ihre eigene politische und kulturelle Identität erhalten wollten.

Blitzkrieg

Trotz all dieser irakischen Fehlkalkulationen wäre der Krieg dennoch fast schon am ersten Tag entschieden worden. Hätte es unter den am 22. September über sieben iranischen Flughäfen abgeworfenen Bomben nicht soviele Blindgänger gegeben, wäre die gesamte iranische Luftwaffe binnen weniger Minuten zerstört worden und die Islamische Republik hätte sich – zumindest aus eigener Kraft – nicht mehr gegen die irakischen Invasionstruppen wehren können. So aber kam alles anders. Der Blitzkrieg, den Bagdads Regimechef Sadam Hussein auf sechs Tage veranschlagt hatte, geriet zu einem jahrelangen, verlustreichen Stellungskrieg. Bagdads Traum von der regionalen Großmacht am Persischen Golf war damals schon ausgeträumt, der Versuch des irakischen Staatspräsidenten, in die weltpolitischen Fußstapfen des gestürzten Schahs zu treten, jämmerlich gescheitert.

Bei den gegenwärtigen Bemühungen der Vereinten Nationen, den nach acht bitteren Kriegsjahren ausgehandelten Waffenstillstand in einen Frieden zwischen den beiden Staaten umzuwandeln, spielt die Frage der Kriegsschuld eine wichtige Rolle. Der Iran mag den bewaffneten Konflikt damals politisch mit provoziert haben, begonnen aber hat er ihn nicht. Gleichwohl kam aber auch den Mullahs und Ayatollahs in Teheran der irakische Angriff gelegen. Khomeini bezeichnete ihn gar einmal als ein Geschenk des Himmels. Die Teheraner Geiselaffäre hatte sich in ihrem propagandistischen Wert abgenutzt. Lange genug hatte man überall im Iran gegen den »Satan Amerika« demonstriert, das eigene Selbstbewußtsein wieder aufgebaut. Den meisten Iranern schien es nun an der Zeit, endlich die eigentlichen Versprechungen der Revolution einzulösen. Nun sollten die Ayatollahs endlich auf Erden das schaffen, was die Religion selbst nur für den Himmel verspricht: paradiesische Zustände. Nachrevolutionäre Ernüchterung breitete sich damals im Lande aus. Auch Verbitterung über den sich abzeichnenden neuen und im Iran doch so alten Kurs der inneren Unterdrückung. Der nachrevolutionäre Prozeß der Machtabsicherung war – ganz im Gegensatz zu heute – noch nicht soweit vorangekommen, daß aufkommender Unmut mit Waffengewalt unter Kontrolle gehalten werden konnte. In Teheran brauchte man daher dringend einen neuen politischen Blitzableiter, brauchte man einen äußeren Anlaß, um den erlahmenden revolutionären Schwung der Massen wieder neu zu beleben. Der Kriegsgegner Irak bot sich hier freiwillig an. Zumal sein militärischer Angriff genau das Gegenteil dessen bewirkte, was man sich in Bagdad davon versprochen hatte. Das in die Defensive geratene Revolutionsregime in Teheran erhielt neuen innenpolitischen Spielraum. Die gleichen Mechanismen wie schon zuvor bei der Botschaftsbesetzung wurden erneut wirksam.

Für die unverändert schlechte wirtschaftliche Lage der Bevölkerung, für die unvermindert anhaltende Not und für das Elend war nicht die wirtschaftspolitische Konzeptionslosigkeit der Revolutionsführung verantwortlich, sondern wieder einmal der äußere Feind. Jedermann mußte einsehen, daß unter den Bedingungen einer von außen aufgezwungenen Kriegswirtschaft der versprochene Wiederaufbau des Landes nicht erfolgen konnte, daß vielmehr neue Opferbereitschaft im Namen der gemeinsamen nationalen Sache gefordert war. Zugleich bot der Krieg die Handhabe dafür, die Unzufriedenheit im Lande angesichts der bisherigen Entwicklung niederzudrücken und jeden gegen die Revolutionsbewegung insgesamt gerichteten Widerstand zu brechen. Kritik an der Mißwirtschaft wurde jetzt wie Landesverrat verfolgt, ebenso jede Form des Protestes gegen die gewaltsam durchgesetzten islamischen Verhaltensvorschriften. Wer sich nicht bedingungslos hinter die Revolutionsführung stellte, der hatte sich damit nach dem Verständnis des in Teheran herrschenden Klerus auf die Seite des Kriegsgegners geschlagen. Den versprengten Rest der einstigen bürgerlichen Opposition wie auch den linksislamischen Gruppierungen, allen voran den Mudjahedin, wurde Kollaboration mit dem Feind unterstellt. Es wiederholte sich, was in den ersten Monaten der Geiselaffäre schon einmal geschehen war: Erneut rollte eine wahre Hinrichtungswelle über den Iran. Nach dem Umsturz und nach der zu diesem Zeitpunkt gerade ausgelaufenen Geiselaffäre hatte das Regime in Teheran jetzt die dritte Phase des nachrevolutionären Machtkampfes eingeleitet. Der Krieg bot den willkommenen Anlaß, brutal mit jeder Form von Opposition aufzuräumen. Danach wurde der Kampf um die Macht im Iran zu einer nur noch innerislamischen Angelegenheit. Alle anderen Oppositionsgruppen, ob sie nun in den Untergrund oder ins Exil gejagt worden waren, spielten fortan keine Rolle mehr. Eine andere innenpolitische Auswirkung des Krieges kam hinzu. Die politisch immer noch unzuverlässige iranische Armee konnte an der Front gebunden und so als unberechenbarer innenpolitischer Machtfaktor ausgeschaltet werden. Zugleich bot der Krieg die Möglichkeit, die dem Ayatollah Khomeini treu ergebenen Revolutionsgarden konsequent militärisch aufzurüsten. Die Revolutionsgarden, die aus der Sicht des Regimes in Teheran zunächst sehr viel mehr eine innere Ordnungsfunktion im nachrevolutionären Iran zu erfüllen hatten und die – darüber waren sich alle Fraktionen innerhalb der Revolutionsbewegung einig – eines Tages bei der letzten Machtentscheidung im Iran eine gewichtige Rolle spielen würden.

Das iranische Revolutionsregime hatte sich stabiler als erwartet erwiesen, der nationale Aufstand der Minderheiten war ausgeblieben und die Opposition stand vor den Erschießungskommandos, bevor sie überhaupt erst richtig aufmucken konnte. Zudem erwies sich die ehemalige kaiserliche Armee dank der noch aus der Schah-Zeit stammenden amerikanischen Ausrüstung entgegen allen Erwartungen durchaus als wehrfähig.

Schließlich waren auch bei jenen die nationalen Gefühle stärker, die von der Islamischen Republik mit ihren Mullahs und Ayatollahs eigentlich nichts wissen wollten, die sich um die Früchte der Revolution betrogen fühlten. »Die innenpolitischen Spannungen und das islamische Regime sind eine Sache«, so sagten sie, »wenn aber jemand kommt und unser Land stehlen will, dann ist das eine andere Sache – dann müssen wir alle gemeinsam kämpfen.« Überraschend konnte so an der über 800 km breiten Front der irakische Vormarsch gestoppt werden. Die gegnerischen Truppen standen zwar noch auf iranischem Boden, wurden dort aber in einen für beide Seiten verlustreichen Stellungskrieg gezwungen.

Probleme an der Heimatfront

Zwei Jahre lang konnte der Iran die Front halten. Was umso erstaunlicher war, da das Land zugleich von schweren inneren Unruhen und gleichzeitigen Machtkämpfen geschüttelt wurde. Denn das erste Kriegsjahr fiel mit dem harten inneren Kampf gegen die linksislamischen Mudjahedin zusammen. Diese Mudjahedin sind eine vor allem von jungen Intellektuellen gebildete sozialrevolutionäre Gruppe, die der Schah gerne als Islamo-Marxisten abgestempelt hatte und die im Westen lautmalerisch zwischen Marx und Mohammed eingeordnet wurden. Beides waren für das neue Regime untaugliche politische Standortbestimmungen. Die Mudjahedin sind junge, strenggläubige Moslems, die zugleich aber auch davon überzeugt sind, daß die im Koran geforderte Gerechtigkeit und Solidarität nur innerhalb einer klassenlosen Gesellschaft erreicht werden kann. Diese klassenlose Gesellschaft ist nach ihrem Verständnis nicht politisch durchsetzbar, sie muß mit der Waffe in der Hand erkämpft werden. Den Gegner sehen die Mudjahedin dabei in den Imperialisten, die für sie in Moskau und Washington gleichermaßen sitzen. Dazu kommen jene iranischen Gruppen, die an einem überkommenen Gesellschaftsbild festhalten und schließlich gehören die meisten isla-

mischen Geistlichen dazu, die – in der islamischen Republikpartei damals organisiert – zwar einen streng religiösen Staat
wollen, jede Form von Klassenkampf aber ablehnen. Während
der langen Jahre der Schah-Diktatur kam von der islamischen
Geistlichkeit zwar politischer, aber kaum aktiver und bewaff-
neter Widerstand. Anders dagegen die Mudjahedin, die schon
damals aus dem Untergrund heraus die Monarchie mit An-
schlägen und Attentaten bekämpften. Auch während der
Revolution setzten sie auf den bewaffneten Kampf. Sie wollten
die Machtfrage mit der Armee ausschließen, während Khomeini auf deren Überlaufen hoffte. Khomeini behielt hier mit
seiner Einschätzung recht.

Auch nach der Revolution hielten die Mudjahedin an ihrem
Kampfkonzept fest. Sie wollten einen Bürgerkrieg der verarm-
ten Unterschicht gegen die Vermögenden im Lande entfes-
seln. Auch dies verhinderte Khomeini, der zwar mit einer harten Strafjustiz gegen die Gegner von einst vorging, dabei den
Mudjahedin aber bei weitem nicht radikal genug war. Während
Ayatollah Khomeini sich um einen Machtausgleich zwischen
dem konservativen und dem radikalen Klerus bemühte, verlangten die Mudjahedin weiter den bedingungslosen Klassenkampf. Das brachte sie in offenen Gegensatz zur Revolutionsführung. Zumal sie dem Ayatollah und seinen Gefolgsleuten –
angesichts der gerade erst beendeten Geiselaffäre nur schwer
verständlich – eine heimliche Kumpanei mit Washington
unterstellten. Konsequent prangerten sie die Beendigung des
Teheraner Geiseldramas als eine von den Mullahs auf Weisung
Washingtons getroffene Entscheidung an. Das ging dem Ayatollah entschieden zu weit. Ungeachtet aller Schwierigkeiten
an der Front eröffnete er im Inneren eine zweite. Jetzt wurden
die Mudjahedin offen bekämpft und am Ende schließlich in
den Untergrund gedrängt.

Der fundamentalistische Flügel der Revolutionsbewegung
nutzte die Gunst der Stunde, um seinerseits gegen den aufge-
klärt-islamischen Staatspräsidenten Banisadr mobilzumachen, der von Khomeini zusätzlich noch zum Oberkommandierenden der Armee ernannt worden war. Geschickt
unterstellten sie dem Staatspräsidenten eine heimliche Koali-

tion mit den ungeliebten Mudjahedin. Dem Ayatollah, der Banisadr aus dem Pariser Exil mitgebracht hatte und ihn wie seinen eigenen Sohn behandelte, blieb am Ende nichts anderes mehr übrig, als ihn fallenzulassen. Als Banisadr von seiner Absetzung als Staatspräsident und als Oberkommandierender der Armee erfuhr, befand er sich bereits im Untergrund. Kurze Zeit später gelang es ihm, erneut ins französische Exil zu flüchten. Er lebt heute – von seinen Gefolgsleuten gegenüber der Außenwelt streng abgeschirmt – in Paris. Die Mudjahedin aber blieben im Iran und überzogen das Land mit einem bis dahin nicht gekannten Bombenterror. Kaum ein Tag verging, an dem nicht irgendwo eine von den Mudjahedin gelegte Bombe hochging, aber auch kaum ein Tag, an dem nicht tatsächliche oder vermeintliche Sympathisanten der Mudjahedin gleich reihenweise vor Erschießungskommandos gestellt wurden. Entsetzt verfolgte die Bevölkerung damals das Morden, hielt sich ansonsten aber zurück. Den meisten waren die Mudjahedin wegen ihres ideologischen Ansatzes suspekt, aber auch die Massenverhaftungen und Hinrichtungen hatten innerhalb der Bevölkerung ihre Wirkung nicht verfehlt.

Die Spirale der Gewalt begann sich immer schneller zu drehen. Aus dem Untergrund ließen die Mudjahedin wissen, daß sie die Hinrichtungen ihrer Genossen nicht einfach hinnehmen würden. Die Anschläge häuften sich, politische Würdenträger der dritten Garnitur waren zunächst die Opfer: örtliche Repräsentanten der Islamischen Republikpartei, Moscheevorsteher und Sympathisanten der Religiösen. Die Antwort des Staates blieb nicht aus. Jetzt wurde erst recht verhaftet, mehrere hundert Oppositionelle wurden hingerichtet. Dann, im Juni 1981, kam der erste wirklich schwere Schlag der Untergrundopposition. Im Hauptquartier der Islamischen Republikpartei, der Organisation des radikalen islamischen Lagers, explodierten gleichzeitig mehrere Bomben. Mit dem obersten Revolutionsrichter und gleichzeitigen Generalsekretär der Partei, Ayatollah Behesti, wurden über achtzig weitere führende islamische Politiker getötet – darunter Minister und leitende Parteifunktionäre. Das Regime antwortete mit der Hinrichtung von über eintausend Oppositionellen. Selbst Mudjahedin, die zu der Zeit schon lange im Gefängnis gesessen waren, wurden unter dem Vorwand hingerichtet, sie hätten sich aus ihrer Zelle heraus an dem verheerenden Bombenanschlag beteiligt.

Wenige Wochen später holten die Mudjahedin zu einem weiteren, allerdings auch letzten spektakulären Schlag aus. Im Amt des Premierministers explodierte ein Sprengsatz, dem neben dem Verteidigungsminister und dem Polizeichef auch der gerade erst ins Amt eingeführte Nachfolger des gestürzten Staatspräsidenten Banisadr zum Opfer fiel. Erneut hatten die Henker des islamischen Regimes Schwerstarbeit zu verrichten, und sie taten dies so gründlich, bis die Organisation der Mudjahedin im Iran endgültig zerschlagen war. Wer den Häschern noch entkommen konnte, flüchtete ins französische Exil, wo die Mudjahedin mit ihrem Führer Massoud Radjavi die sicher stärkste iranische Oppositionsgruppe im Ausland aufbauten. Jahre später wurden sie unter dem Druck Teherans aus Frankreich ausgewiesen. Der Regierung in Paris war die Freilassung französischer Geiseln im Libanon wichtiger als der Schutz einer iranischen Exilgruppe. Radjavi und seine Gefolgsleute gingen nach Bagdad und beteiligten sich an der Seite der irakischen Armee im letzten Kriegsjahr mit wechselndem Erfolg an dem Kampf gegen die Truppen Khomeinis. Spätestens seit diesem Überlaufen zum Kriegsgegner spielen die Mudjahedin im Bewußtsein der Iraner, wo immer sie auch politisch stehen mögen, keine Rolle mehr. Die Bedeutung, die dieser Oppositionsgruppe vor allem im westlichen Ausland beigemessen wird, wirkt sich im Iran selbst nicht aus. »Die Geschichte«, so sagen die Iraner, »auch die revolutionäre Geschichte des Landes wiederholt sich nicht.« Die Entscheidungsschlacht um die Macht, das gilt bis auf den heutigen Tag, werde im Iran selbst geschlagen und auch dort entschieden.

Nach dem wenn auch blutig erkämpften Sieg an der Heimatfront konnte sich die Revolutionsführung wieder voll dem Kampf an der Front mit dem Irak widmen. 1982 gelang es den Revolutionsverbänden, im Golfkrieg eine Wende herbeizuführen, die allerdings noch lange nicht das Ende bringen sollte. Die irakischen Invasionstruppen wurden über die Grenzen zurückgedrängt. Der Krieg wurde auf irakisches Territorium verlagert. Erst jetzt, da sich das Kriegsglück Teheran zuzuneigen schien, da ein iranischer Gegenangriff auf Bagdad vorstellbar wurde, regte sich das Weltgewissen. Die Gefahr, daß der Krieg sich ausweiten, daß er zu einem wirklichen Golfkrieg werden könnte, mobilisierte den Weltsicherheitsrat der Vereinten Nationen ebenso wie die Amerikaner und die benachbarten Golfstaaten. Nicht der Krieg selbst, sondern die sich erstmals abzeichnende Gefahr eines iranischen Sieges machte aus dem regionalen Konflikt eine internationale Krise.

Bagdad hatte längst sein ursprüngliches Kriegsziel, nämlich den Sturz des Ayatollah-Regimes in Teheran, aufgegeben. Von jetzt an kämpften die Iraker nur noch um eine ehrenhafte Beendigung dieses Krieges, der Bagdad monatlich rund eine Milliarde US-Dollar kostete. Da die irakische Ölproduktion kriegsbedingt zusammengebrochen war, mußte man ausländische Finanzquellen anzapfen. Saudi Arabien und Kuweit sprangen ein. Knapp 40 Milliarden US-Dollar betrugen die Devisenreserven Bagdads zu Beginn des Golfkrieges. Acht Jahre später, als dieser Krieg zuende war, sollte der Irak Schulden von mehr als 60 Milliarden US-Dollar aufgetürmt haben. Damals aber befand sich die Regierung in Bagdad in einer Zwickmühle, denn ein weiteres Zurückweichen an der Front hätte dem Baath-Regime unweigerlich innenpolitisch den Kopf gekostet. Ein Friedensschluß aber, oder zumindest ein Waffenstillstand, scheiterte an der unnachgiebigen Haltung Teherans. So verbissen sich die Gegner erneut ineinander. Unter Aufbietung aller Kräfte gelang es den Irakern, eine neue Front aufzubauen. Diesmal allerdings war es eine Abwehrfront, die auf dem eigenen Territorium verlief. Schon 1982, nach dieser Kriegswende, war die iranische Bilanz grauenerregend: Rund 100 000 Kriegstote hatte man zu beklagen, ein Vielfaches dessen an Kriegsinvaliden und Verletzten. Über zwei Millionen Menschen hatte der Krieg zu Flüchtlingen im eigenen Land gemacht. Sie waren aus dem Grenz- und Frontbereich ins Hinterland geflüchtet, wo man auf alles, nur nicht auf die Unterbringung solcher Menschenmassen vorbereitet war. Die wenigen Hotels, die noch nicht zu Krankenhäusern umfunktioniert worden waren, wurden in Flüchtlingsauffanglager verwandelt. Doch das reichte nicht einmal annähernd. Der Rest der Flüchtlinge vegetierte vor sich hin, kämpfte ums tägliche Überleben. Dennoch gab sich das Revolutionsregime in der Kriegsfrage unbeugsam, was zur Folge hatte, daß die eigentlichen Kriegslasten auf das Land erst noch zukommen sollten. Nach den erfolgreichen Offensiven an der Front formulierte man in Teheran zunächst einmal die eigenen Kriegsziele um so selbstbewußter: der Sturz des als ungläubig gezeichneten Baath-Regimes in Bagdad, die Bestrafung des »Teufels Sadam Hussein« und vor allem die Anerkennung der alleinigen Kriegsschuld durch den Irak. Das hätte weitreichende Konsequenzen gehabt. Wer sich in diesem Krieg schuldig bekennt, der ist auch zu Reparationsleistungen verpflichtet. Damals wurden sie von Teheran noch mit gut 100 Milliarden US-Dollar beziffert. 1988, beim Abschluß des Waffenstillstandsvertrages, sprach man im Iran bereits von 400 Milliarden.

Berauscht von den eigenen militärischen Siegen hielt die Revolutionsführung in Teheran ausdrücklich an dem Vorsatz fest, das schiitisch-islamische Revolutionsmodell in die anderen arabisch-islamischen Staaten zu exportieren. Der Krieg mit dem Irak, den man nun zu einem »heiligen Krieg« erklärte, sollte nur ein Auftakt sein. Fernziel blieb die Befreiung Jerusalems und auf dem Weg dorthin eine Islamisierung der Golf-Region nach den Vorstellungen von Ayatollah Khomeini. Damit bildete der vermeintlich schon geschlagene Iran plötzlich wieder die gleiche Gefahr wie unmittelbar nach der Revolution. Doch das war nicht die einzige Parallele zu früheren revolutionären Zeiten. Denn nach wie vor brauchte die Revolutionsbewegung die nationale Bedrohung von außen, um über die fortbestehenden und so schnell auch nicht lösbaren Schwierigkeiten im Inneren hinwegzutäuschen. Der Krieg hatte sich als revolutionärer Motor im Inneren bewährt, propagandistisch war er noch lange nicht voll ausgereizt. Deshalb wurde trotz der 1982 sich ergebenden Friedensmöglichkeit an der Front weiter täglich geschossen und gestorben. Zu diesen Überlegungen kamen andere, ebenfalls innenpolitische Erwägungen hinzu. Die islamischen Revolutionäre hatten zwar mit der gesamten nichtislamischen Opposition gründlich aufgeräumt, sie hatten auch den Widerstand der linkssislamischen Opposition mit Brachialgewalt gebrochen, gleichwohl zerfiel ihre Bewegung in mehrere unterschiedliche Fraktionen, die nur darauf warteten, sich gegenseitig den politischen Garaus zu machen. Ayatollah Khomeini hatte in seiner Rolle als Oberschiedsrichter der Nation die widerstreitenden Fraktionen bisher mühsam in einem Machtgleichgewicht halten können, ein Friedensschluß zu diesem Zeitpunkt hätte das Gleichgewicht gefährdet. Zumal niemand einzuschätzen wußte, auf wessen Seite sich die inzwischen zu einer respektablen Kampfmacht angewachsenen Revolutionsgarden bei einer Rückkehr von der Front schlagen würden, und welche innenpolitische Rolle dann vielleicht auch noch die Armee spielen könnte. Die Fortsetzung des Krieges schien in dieser Phase den inneren Frieden zu garantieren. Ein Ende des Krieges mit dem Irak aber beschwor die Gefahr eines Bürgerkriegs im Iran herauf. Dem Regime war klar, daß es keinen Frieden geben durfte.

Interesse an einem Frieden hatten aber auch andere nicht: Die internationalen Rüstungslieferanten nämlich, die beide kriegführenden Parteien gleichzeitig über den Schwarzmarkt mit allem versorgten, was teuer und tödlich war. Denn sowohl in Bagdad wie in Teheran waren inzwischen die Waffenarsenale, mit denen man zwei Jahre zuvor in den vermeintlichen Blitzkrieg gezogen war, aufgebraucht. Ohne den ausländischen Waffennachschub wäre der Krieg binnen weniger Tage zu beenden gewesen, doch dem standen die Gewinninteressen der internationalen Rüstungsspekulanten entgegen, und dazu die Interessen fast aller indirekt an diesem Krieg beteiligter Staaten.

Der Golfkonflikt und die Großmächte

Moskau und Washington beobachteten sich mißtrauisch, beseelt von der Angst, daß die Gegenseite einen Vorteil aus der Entwicklung ziehen könnte. Ein militärischer Sieg des Iran erschien den beiden Großmächten ebenso bedrohlich wie eine Niederlage. In beiden Fällen vermochte man nicht einzuschätzen, welche politische Entwicklung dadurch erst im Iran und dann als Folge in der gesamten Golfregion ausgelöst werden würde. Beide Großmächte hatten daher nichts gegen eine Fortführung des Krieges einzuwenden, vorausgesetzt das militärische Patt blieb gesichert. Die Sowjetunion war dem Irak aufgrund eines alten, noch gültigen Freundschaftsvertrages verbunden. Im Rahmen dieses Vertrages lieferte sie Rüstungsgüter und militärische Ersatzteile, lehnte aber weitergehende Lieferungswünsche Bagdads ab. Mit dem Iran militärisch ins Geschäft zu kommen, war den Russen kaum möglich, denn das Teheraner Waffenarsenal stammte noch aus der amerikanischen Rüstungsschmiede. Die sowjetischen Ersatzteile paßten also nicht in das amerikanische Waffensystem. Gleichwohl versuchte Moskau, auch in Teheran einen Fuß in die Tür zu bekommen. Ohne die sowjetischen Kerosinlieferungen hätte die gesamte iranische Luftwaffe in den ersten Kriegsjahren nicht aufsteigen können und damit auch nicht die von den Russen an den Irak gelieferten Panzer bekämpfen können.

Noch schwieriger war die Position Washingtons. Nach dem mit Teheran vollzogenen Bruch hatte die Carter-Administration ein Handels- und Waffenembargo gegen das Land verhängt. Offiziell konnte man also nicht liefern, aber die Amerikaner bedienten sich anderer Staaten, um das von ihnen gewünschte militärische Patt zwischen Teheran und Bagdad sicherzustellen. Südkorea und Israel sprangen ein und wurden so in den ersten Kriegsjahren Hauptlieferanten amerikanischen Rüstungsmaterials für den Iran. Vor allem im Falle Israels war dies höchst bemerkenswert, hatte sich Ayatollah Khomeini doch als letztes Ziel all seiner revolutionären und militärischen Bemühungen die Befreiung Jerusalems auf das grüne Banner des Propheten geschrieben. Doch diese Drohung erschreckte in Israel niemanden. Die aktuellen politischen Vorteile überwogen, die man in Jerusalem aus einer Fortsetzung des Krieges ziehen konnte. Mit dem Irak war dadurch immerhin einer der stärksten Gegner innerhalb der arabischen Ablehnungsfront an einer anderen Front gebunden. Der Irak fiel als Ordnungsfaktor im Libanon aus. Vermutlich wäre die israelische Invasion im Libanon ohne den iranisch-irakischen

Krieg gar nicht möglich gewesen. Fürchten mußte man sich in Jerusalem auch nicht vor einer Neuauflage des Nahostkrieges, solange die irakischen Truppen an ihrer Ostfront beschäftigt waren. Fünf Jahre – so die israelische Rechnung – würde der Irak nach einem Ende des islamischen Bruderkrieges zur Wiederaufrüstung brauchen, bis er Israel militärisch wieder gefährlich werden könnte. Für Jerusalem lag es daher im eigenen nationalen Sicherheitsinteresse, das verhaßte Ayatollah-Regime in Teheran trotz der von dort kommenden Drohungen mit den benötigten Waffen zu versorgen.

Während so mit der Billigung Washingtons der iranische Rüstungsnachschub über den israelischen Hafen Eilat am Roten Meer organisiert wurde, sorgten die Amerikaner gleichzeitig dafür, daß der Irak diese Waffenarsenale auch wieder vernichten konnte. Auszugsweise stellten sie dem Irak Erkenntnisse aus ihrer Satellitenaufklärung zur Verfügung. So sorgten Washington und Moskau für einen aberwitzigen Rüstungskreislauf in der Region. Sie lieferten Waffensysteme, sorgten zugleich für deren Zerstörung und produzierten damit die Nachfrage nach weiteren Panzern, Raketenwerfern, Raketen, Kanonen, Flugzeugen, Hubschraubern - die Wunschlisten und Lieferverträge ließen nichts aus.

Die überwiegend konservativ regierten Golfstaaten leben nach wie vor in der Angst, daß der islamische Revolutionsfunke vom Iran aus auf ihre Staaten überspringen könnte. Sie haben daher – mit Ausnahme Syriens – den Irak unterstützt. Vor allem ägyptische Waffenlieferungen und Milliardenkredite von Saudi Arabien und Kuweit haben dafür gesorgt, daß der Irak 1982 nach der Kriegswende eine neue Front aufbauen konnte. Einen wichtigen Anteil daran hatten aber auch die Waffenlieferungen aus Italien und Frankreich. Paris, daran interessiert, im irakischen Atomgeschäft zu bleiben, lieferte die für Bagdad vermutlich wichtigsten Waffensysteme: Mirage-Kampfflugzeuge und mit den im Falklandkrieg erprobten Exocet-Raketen bestückte Jagdbomber vom Typ Super-Entendard.

Nur indirekte Hinweise hat es bisher dafür gegeben, daß sich auch bundesdeutsche Unternehmen sowohl im Iran wie im

Irak an dem gigantischen Kriegsgeschäft beteiligt haben. Offiziell dürfen aus der Bundesrepublik keine Rüstungsgüter in Spannungsgebiete geliefert werden. Eine Vorschrift, die vielfach unterlaufen wurde. Man lieferte Nutz- und Transportfahrzeuge, die problemlos in militärische Fahrzeuge umgerüstet werden konnten. Man lieferte auf dem Umweg über Tochterunternehmen in Frankreich oder Großbritannien Rüstungsgüter, die ansonsten unter das deutsche Rüstungsexportverbot gefallen wären. Nach Erkenntnissen des amerikanischen Geheimdienstes CIA sollen es auch bundesdeutsche Unternehmen gewesen sein, die dem Irak jene Laboratorien geliefert haben, mit denen Bagdad sich für seinen späteren Giftgaskrieg vorbereiten konnte. Insgesamt beteiligten sich Unternehmen aus vierzig Staaten an dem mittelöstlichen Waffengeschäft, zehn Staaten haben dabei nachweislich beide kriegführenden Parteien gleichzeitig bedient: Nord- und Südkorea etwa, China, Spanien, Italien und England, Brasilien, Argentinien und Chile. Das Geschäft hat sich für alle gelohnt, denn nach Expertenschätzungen gaben acht Jahre lang sowohl der Iran wie der Irak monatlich eine Milliarde Dollar für Rüstungskäufe aus.

Heiliger Krieg

Die im Iran nach der Kriegswende einsetzende Diskussion, ob mit der Zurückschlagung des Aggressors das eigentliche Kriegsziel erreicht, nun also die Zeit für einen Frieden gekommen sei, oder ob der Krieg auch auf fremdem Territorium weitergeführt werden soll, wurde abrupt von Ayatollah Khomeini beendet. Er sprach ein Machtwort, indem er den Kampf mit dem irakischen Nachbarn, zum »heiligen Krieg« proklamierte. Später konnte man im Iran immer häufiger und durchaus auch aus den Reihen der Revolutionsführung die Meinung hören, daß der Krieg zwar geführt werden mußte, weil es sich um einen aufgezwungenen und somit gerechten Krieg gehandelt habe, daß man ihn aber auch schon lange vorher hätte beenden müssen. Gemeint war damit jenes Kriegsjahr 1982, in dem die iranischen Truppen ihrerseits die irakische Grenze überschritten. Daß dies nicht geschah, wird auch heute noch fast ausschließlich der Halsstarrigkeit von Ayatollah Khomeini angelastet.

Den Konflik mit dem Irak zu einem »heiligen Krieg« zu erklären, entsprach nicht nur religiöser Überzeugung und islamischem Sendungsbewußtsein, sondern auch einer praktischen Notwendigkeit. Der Iran stand einem rüstungstechnisch überlegenen Gegner gegenüber. Dem mußte er sich in der eigenen Kriegsstrategie anpassen. »Menschen gegen Waffen«, so lautete das einfache Teheraner Konzept. Mit regelrechten Menschenwellen versuchte das 50-Millionen-Volk der Iraner das hochgerüstete 17-Millionen-Volk des Irak zu überrennen. Entsprechend hoch waren die Verluste. Weshalb im Iran die Rekrutierung für die Front zum entscheidenden Problem wurde. Die Erklärung des »heiligen Kriegs« ermöglichte es den Mullahs und Ayatollahs, die alte revolutionäre Opferbereitschaft im Namen des Islam neu zu mobilisieren. Die in den Revolutionstagen so bewährte Märtyrermentalität war wieder gefragt. Sie geht zurück auf Imam Hussein, der sich im Jahre 680 n. Chr. mit einer kleinen Schar schiitischer Anhänger einem übermächtigen Feind furchtlos entgegenstellte und der in diesem gerechten und damit heiligen Kampf fiel. Seitdem sind die strenggläubigen Moslems davon überzeugt, daß jeder, der in einem heiligen Krieg den Tod findet, sofort in das Paradies eingeht. Da im schiitischen Islam das Leben nichts anderes als eine Durchgangsstation ist, übt dieser Märtyrertod für den gläubigen Moslem eine Faszination aus.

Die iranische Kriegspropaganda begann, diese Märtyrermythologie gnadenlos auszuschlachten. Die tägliche Fernsehberichterstattung vom Krieg hatte offenbar nur noch ein Ziel: Weiter zu mobilisieren, die Jugendlichen zu motivieren, sich freiwillig bei einem der zahlreichen Rekrutierungsstellen zur Front zu melden. Täglich waren im Fernsehen Bilder von der Front zu sehen, grauenhafte Bilder: Erschossene, verbrannte, verstümmelte Leichen, die nur noch eines gemeinsam hatten – die irakische Uniform. Dagegengeschnitten Soldaten in Heldenpose, islamische Glaubenskämpfer, die das Schlachtfeld auf dem Bildschirm als Sieger verließen. Gleichwohl ließ sich

Revolutionsgarden:
Viele von ihnen ziehen freiwillig in den »Märtyrertod«.

nicht verheimlichen, daß es auch auf iranischer Seite Tote gab, sehr viele Tote sogar. Doch sie waren nicht die Opfer eines aberwitzigen Krieges, sondern gläubige Moslems, denen die Gnade zuteil geworden war, Märtyrer zu werden. Weshalb man den Hinterbliebenen im Iran auch nicht kondolierte, sondern beim Eintreffen der Todesnachricht gratulierte. »Sagt nicht, die Märtyrer sind tot. Die Märtyrer sind nicht tot, sie leben!« steht in Teheran auf dem Soldatenfriedhof auf fast jedem Grabstein.

Die wöchentliche Übertragung des Freitagsgebets vom Campus der Universität in Teheran begann regelmäßig mit einer Großaufnahme der Inschrift, die am Kopfende des Gebetsplatzes auf einem großen Transparent angebracht worden war: »Das Volk wetteifert um den Eintritt ins Paradies«. Viele Iraner lächelten still darüber, andere aber nahmen die Parolen ernst. Täglich übertrug das Fernsehen nun Zeremonien, in denen Freiwillige in den »heiligen Krieg« verabschiedet wurden. Wild entschlossen sahen sie aus: in Räuberzivil, ein Stirnband um den Kopf, das die Bereitschaft signalisierte, für den Islam zu sterben. Greise saßen dort ebenso wie kleine Kinder, gemeinsam beteten sie für die Gefallenen und ihre Familien, für den Sieg des Islam und für den eigenen Märtyrertod. Emotionen wurden freigesetzt: In einer die eigene Leidensfähigkeit symbolisierenden Geste schlugen sich die Freiwilligen an die Brust, viele begannen zu weinen. Es waren strenggläubige Moslems, die später an der Front die legendenumwobenen Himmelfahrtskommandos bildeten. Das waren keine Berichte, die der Phantasie von Kriegspropagandisten entsprungen waren. Die Berichte waren einfach wahr. Um Zeit zu sparen und um die eigene technische Unterlegenheit auszugleichen, rannten die Glaubenskämpfer mit dem Ruf »Allah ist groß« in die von den Irakern gelegten Minenfelder und bereiteten so mit ihrem Tod den nachrückenden Kameraden den Weg. Kindern, die man in die Minenfelder schickte, wurde ein kleiner Plastikschlüssel um den Hals gehängt. Mit ihm sollten sie später das Tor zum Paradies aufsperren.

Mit dieser extrem verlustreichen Strategie war es den Iranern gelungen, die irakischen Truppen über die Grenze zurückzuwerfen. Obwohl danach eine iranische Offensive die andere ablöste, gelang es jedoch nicht, die von den Irakern neuaufgebaute zweite Front zu überrennen. Das Ergebnis dieser Strategie acht Jahre später bei Kriegsende war makaber: Bis zur Kriegswende im Jahr 1982 hatten die Iraner rund 100 000 Gefallene zu beklagen. Bei Eintritt des Waffenstillstands 1988 sollten es fast 800 000 sein. Die entscheidenden Verluste mußte der Iran in jenen sechs Jahren hinnehmen, in denen die Front selbst nicht mehr entscheidend verändert werden konnte, in denen der Krieg aber aufgrund der ungeklärten inneren Machtsituation weitergeführt werden mußte.

Frontbesuch

Nach der Kriegswende 1982 besuchte ich die Westfront. Revolutionseinheiten wollten mir einen Frontabschnitt zeigen, in dem sie die irakischen Truppen erfolgreich zurückgeschlagen hatten. Die von der Sonne aufgedunsenen Körper gefallener Soldaten bedeckten die Hochebene, der süßliche Leichengeruch schien der Luft den Sauerstoff zu entziehen. Meine Begleiter störte es nicht. Unser Trupp kam in schweres gegnerisches Granatfeuer, in Todesangst sprang ich in einen Unterstand, den ich mir mit drei verkohlten Leichen in irakischer Uniform teilen mußte. Die mich begleitenden Revolutionsgardisten lachten: »Du mußt an Allah glauben«, riefen sie mir zu, »denn wer an Allah glaubt, für den gibt es keinen Tod.« In einen Unterstand zu kriechen, ließ sich mit ihrer islamischen Würde nicht vereinbaren. Denn die Unterstände, gerade erst vom Gegner zurückerkämpft, waren nach ihrem Verständnis von Ungläubigen gebaut worden. Aufrecht und singend gingen sie durch das gegnerische Feuer. Treffer in den eigenen Reihen wurden fast ebenso bejubelt wie Treffer in den gegnerischen Stellungen. An dieses makabre Erlebnis habe ich immer wieder denken müssen, wenn ich in Teheran eine der vielen Rekrutierungsstellen besucht und dort mit den Freiwilligen gesprochen habe.

Drei grundsätzlich verschiedene Motivationen wurden dabei erkennbar, warum man sich freiwillig für den Heldentod meldete: Die tiefempfundene Pflicht des gläubigen Schiiten, in einem gerechten Kampf den Märtyrertod zu sterben und dann ins Paradies einzugehen, trieb die einen. Die Errungenschaften der Revolution gegenüber den Angriffen von außen zu verteidigen, motivierte die anderen. Dies waren fast durchweg Jugendliche vom Land. Im Gegensatz zur Stadtbevölkerung, der bisher nur Opfer und Leiden abverlangt worden sind, hat die Landbevölkerung von der Revolution tatsächlich in vielfältiger Weise profitiert. Die große Mehrheit der Kriegsfreiwilligen aber kam aus wirtschaftlichen Gründen, denn die schon seit Jahren betriebene Kriegswirtschaft hatte ihnen jede Beschäftigungs- und damit auch Einkommensmöglichkeit genommen. Der Fronteinsatz aber wurde gut entlohnt – nicht nur dem Kämpfer, sondern auch seiner Familie. Starb er den Märtyrertod, erhielten seine Angehörigen vom Staat eine großzügig bemesssene Abfindung. Zudem standen ihnen die für das Land überdurchschnittlich gut ausgestatteten revolutionären Sozialeinrichtungen offen. Die Bereitschaft, dafür das eigene Leben einzusetzen, sagte viel über die Lebensbedingungen zur damaligen Zeit aus. Das galt zumindest für jene, die an den Märtyrertod und an alle damit verbundenen Segnungen nicht so recht glauben mochten. Die gab es schließlich auch.

Den Märtyrertod selbst zu verstehen, ist für den Europäer ohnehin fast ein Ding der Unmöglichkeit. Ein Pädagogikstudent, der sich gerade freiwillig zur Front meldete, versuchte es mir so zu erklären: »Sehen Sie, es gibt zwei grundsätzlich verschiedene Welten: eine geistige Welt, in der wir Moslems leben, und eine materielle Welt bei Euch in Europa. Eure materiellen Dinge haben für uns keine Bedeutung. Uns ist der Märtyrertod – in welchem Alter auch immer er kommt – die eigentliche Vollendung eines reichen und gläubigen Daseins. Ohne diesen Märtyrertod habe ich nicht gelebt. Er ist für mich das Größte, was ich erreichen kann. In meiner geistigen Welt bedeutet mir dieser Tod vermutlich ebenso viel wie Ihnen in Ihrer materiellen Welt das letzte Modell von Mercedes.«

Bei dieser Erklärung fiel mir ein Besuch in einem Militärhospital ein, den ich am Vortag gemacht hatte. Ein siebzehnjähriger Schüler lag dort wie ein gerade noch lebender Leichnam auf einem Bett. Die Druckwelle einer Explosion hatte ihm an der Front praktisch sämtliche Knochen gebrochen und zudem das Augenlicht genommen. Der schmächtige Körper steckte voller Granatsplitter. Von der Schulbank aus hatte er sich zur Front gemeldet. Sein ehemaliger Klassenlehrer hatte mich an sein Bett geführt und voller Stolz zu mir gesagt: »Sehen Sie sich den Jungen an. So gläubige Moslems habe ich ausgebildet.« Der Junge selbst weinte und fragte, warum er nicht den Märtyrertod sterben durfte.

Am Blutbrunnen – der Zentralfriedhof in Teheran

Revolutionswinter 1978/79: Ein eisiger Wind fegt über das riesige Areal im Süden der iranischen Hauptstadt. In Bussen, auf Lastwagen und in stundenlangen Fußmärschen pilgern jeden Tag Zehntausende zum Zentralfriedhof Beheschte Zahra. Die da kommen, sind nicht trauernde Familienangehörige, sondern Sympathisanten der Revolution. Männer in abgerissener Kleidung, Frauen eingehüllt in den Tschador. Sie kommen, um den Toten der Revolution das letzte Geleit zu geben, den Männern und Frauen und Kindern, die von der kaiserlichen Miliz erschossen wurden. Revolutionäre Kämpfer waren die einen, Zufallspassanten die anderen – sie alle zusammen bilden die tödliche Bilanz eines einzigen Revolutionstages. Gemäß den islamischen Vorschriften müssen die Opfer noch am selben Tag beigesetzt werden. Überall auf dem Friedhof formieren sich lange Trauerzüge, geben wildfremde Menschen den ihnen unbekannten Toten das letzte Geleit. Schmerz und ohnmächtige Wut haben die Gesichter der Trauernden gezeichnet, zornig recken sie ihre Fäuste gen Norden in Richtung des schneebedeckten Elbrus-Gebirges, an dessen Ausläufern der kaiserliche Palast steht. Marg-bag-Schah, Tod dem Schah, schallte es vieltausendfach über den Friedhof. Mit jedem weiteren Toten werden die Rufe nur noch lauter. Die Botschaft ist klar: »Wir oder der Schah. Wenn er Kaiser bleiben will«, sagen die Menschen, »muß er uns alle hier begraben.« Nicht Revolutionspathos klingt hier an, sondern finstere Entschlossenheit. Wer angesichts der Straßenkämpfe im Zentrum der Stadt noch Zweifel haben mag, wer siegen wird: Hier auf dem Friedhof im Süden Teherans wird es klar. Das Ende der 25jährigen Schah-Dynastie ist gekommen.

Es war eine Verbeugung vor diesen Toten, eine Referenz an die Märtyrer der Revolution, daß Ayatollah Khomeini nach seiner Rückkehr in den Iran vom Flughafen aus direkt zum Teheraner Zentralfriedhof fuhr. Hier hielt er seine erste Rede, hier konnten seine Anhänger den Revolutionsführer zum ersten Mal leibhaftig sehen, konnten sie direkt jene Stimme hören, die sie bislang nur von Tonbandkassetten kannten. »Khomeini, wir alle sind Deine Soldaten«, brüllte die Menge, als der Revolutionsführer per Hubschrauber auf dem Friedhof einschwebte. Reihenweise fielen die Gläubigen in Ohnmacht, als sie den Imam sahen. Lange dauerte es, bis seine Wachmannschaften ihm den Weg zum Mikrofon gebahnt hatten, doch kein Volkstribun kam da ans Rednerpult, kein sprachgewandter Demagoge: Brüchig, fast schon verschüchtert klang seine Stimme und stand damit in bemerkenswertem Gegensatz zu der tobenden Menge. Keinerlei Regung ließ Khomeini erkennen, angesichts des Jubels, der ihm entgegenbrandete. Fast schien es, als würde er die Hunderttausende gar nicht sehen, die vor ihm auf den Gräbern der Märtyrer standen.

Was versteht der Ayatollah unter der von ihm propagierten Islamischen Republik? Eine Antwort auf diese Frage hatten viele an diesem Tag erwartet, an dem für den Iran mit der Rückkehr Khomeinis eine neue Zeitrechnung begann. Doch mit keinem Wort ging der Imam darauf ein. Scheinbar emotionslos, mit gleichförmiger Stimme wiederholte er seine bereits aus Paris bekannte Abrechnung mit der Pahlavi-Monarchie, erklärte er erneut alle politisch Verantwortlichen – von der Regierung bis zum Parlament – für abgesetzt und forderte er seine Anhänger zum unerbittlichen revolutionären Endkampf auf. An die Sicherheitskräfte appellierte er, den Widerstand gegen die Revolution aufzugeben: »Glaubt nicht dem Gerücht, glaubt nicht, daß wir Euch alle aufhängen werden.« Und dann sprach er jenen Satz, an dem ihn seine Kritiker später immer wieder gemessen haben: »Der Schah hat doch nur dafür gesorgt, daß unsere Friedhöfe immer noch größer geworden sind.« Als sein Hubschrauber wieder startete, klammerten sich seine Anhänger an die Kufen, geradeso als könnten sie auf diese Weise zusammen mit dem Imam ins Paradies aufsteigen.

April 1988: Ein Auto war auch früher nützlich, um den riesigen Friedhof von Teheran zu durchqueren, inzwischen aber ist es unverzichtbar geworden. Die Reihen der Gräber haben sich während der vergangenen zehn Jahre ins schier endlose vermehrt. Der achtjährige Krieg gegen den Irak ist in seine Endphase getreten, an der Front hallt der Geschützdonner über die blutigen Schlachtfelder. Von dem sich abzeichnenden Waffenstillstand weiß die Bevölkerung zu diesem Zeitpunkt noch nichts. Sie hat auch keine Kenntnis davon, was an der mehr als tausend Kilometer entfernten Front tatsächlich geschieht. Die Massenmedien, allen voran das Fernsehen, berichten zwar täglich vom Krieg, doch die Propaganda, nicht die Wirklichkeit, prägt die Bilder. Addiert man die Siegesmeldungen des iranischen Fernsehens während der acht Kriegsjahre zusammen, dann kamen mehr Iraker zu Tode, als der Irak überhaupt Einwohner hat. Das irakische Kriegsmaterial wurde demnach gleich dreimal vernichtet. Vor den Toren der iranischen Hauptstadt Teheran, auf dem Zentralfriedhof, konnte man jedoch die andere Seite des Krieges kennenlernen, die eigentliche, wirkliche, für die es in der offiziellen Propaganda lange Zeit keinen Platz gab.

Staubwolken wirbeln über ein endloses Fahnenmeer. Der Teheraner Heldenfriedhof wirkt auf den ersten Blick wie ein gigantisches Freiluftspektakel. Über jedem Märtyrergrab knattert das grüne Banner des Propheten Mohammed im Wind und das rote des kämpferischen Islams. Frauen im schwarzen Tschador und Männer hocken weinend auf den Grabsteinen. Sie reichen dem Passanten einen Zwieback oder ein Stück Obst und laden ihn damit zu einem letzten gemeinsamen Mahl mit dem Toten ein. Am Kopfende eines jeden Grabsteins steht ein Bilderkasten. Meist sind es Jugendliche, die da von den Fotos lächeln. Neben ihren Konterfeis zwei Bilder von der Front: ein strahlender Krieger in Heldenpose, darunter ein im eigenen Blut liegender Leichnam – erschossen, zerbombt, von Chemikalien verätzt. Der makaber zur Schau gestellte Beweis dafür, daß der hier Ruhende den Märtyrertod gestorben und damit nach schiitischer Überzeugung direkt ins Paradies eingegangen ist.

An einem der Gräber steht eine Frau, die ihren drei Kindern ein Lied vorsingt: »Im Traum habe ich in der vergangenen Nacht Euren Vater gesehen. Er war umringt von Engeln, und er war sehr, sehr glücklich. Ein Märtyrer, dessen Leben sich erfüllt hat, weil er erst jetzt wirklich lebt.« Mit glänzenden Augen blicken die kleinen auf die Milizionäre der Revolutionskomitees, die zwischen den Gräbern patrouillieren, in blauer Kampfuniform und das Schnellfeuergewehr unter dem Arm. Wenn diese Kinder einmal groß sind, werden sie – davon kann man ausgehen – ihrem Vater nacheifern.

Wieviele Iraner während des achtjährigen Golfkrieges gefallen sind, ist offiziell nicht bekannt. Das Regime in Teheran nutzt propagandistisch zwar den Mythos des Märtyrertodes, konkrete Zahlen aber will man lieber doch nicht nennen. Im Paradies, witzeln die Iraner heute auf der Straße, ist kein Platz mehr frei, es wurde wegen Überfüllung geschlossen. Viele der Gefallenen wurden auf dem Teheraner Friedhof beigesetzt. Zusammen mit jenen, die nicht an der Front waren, gleichwohl aber auch Märtyrer sind. Die weit über eintausend Opfer von Bombenanschlägen und anderen Attentaten ebenso wie die Pilger, die 1987 während der Fahrt nach Mekka den Versuch eines iranischen Revolutionsexports im Kugelhagel saudiarabischer Sicherheitskräfte mit dem Leben bezahlen mußten. Für sie alle gilt, was sich einer der Märtyrer zu Lebzeiten auf seinen eigenen Grabstein meißeln ließ: »Bruder, der Märtyrer ist das Herz der Geschichte. Schreibe mit meinem Blut an die Wand: Tod dem Heiden Sadam Hussein«, womit der Regimechef und Kriegsgegner in Bagdad gemeint ist. Am Rande der Gräber sammeln Kriegerwitwen für den Krieg, und inmitten des Fahnenmeers sprudelt der Blutbrunnen, rotgefärbtes Wasser – Symbol für das reichlich vergossene Blut der Märtyrer.

Abseits des Heldenfriedhofs befindet sich das Trauerzentrum von einst. Wo all diejenigen beerdigt sind, die während des Umsturzes ihr Leben für die Revolution gaben. Noch sind die Gräber zwar gepflegt, aber in ihrer Schlichtheit wirken sie fast schon kümmerlich. Nur der Schmerz der verschleierten Frauen, die Koransuren murmelnd, auf den Grabsteinen hocken, ist der gleiche. Verstaubt und vergessen sind dagegen die politischen Pilgerstätten von einst: Die Gräber, in denen die Opfer des früheren Schah-Geheimdienstes SAVAK beigesetzt worden sind. Die Zeit ist über sie hinweggegangen.

Keinesfalls aus der Erinnerung verschwunden, aber dennoch völlig verlassen, liegt eine andere Sektion des Friedhofs: Weder Fahnen, noch Bilder und Blumen sind zu sehen, und auch keine trauernden Menschen – hier wurden die seit der Revolution Hingerichteten beigesetzt. Der Haß reicht über den Tod hinaus. Die Gräber gleichen einem Trümmerfeld. Die Grabsteine, die statt des Namens nur eine Nummer tragen durften, wurden inzwischen kurz und klein geschlagen. Niemand traut sich mehr, die Toten zu besuchen oder gar ihre Gräber zu pflegen. Wegen moralischer Korruption, wegen Verderbtheit auf Erden sind diese Menschen hingerichtet worden, weshalb sie nach fundamentalistischer Auslegung der Schia weder auf noch unter der Erde ein Recht auf Ruhe haben. Die Revolution vergibt nichts und niemandem.

Doch dieser Friedhof wird in Zukunft noch mehr als bisher zu einem Pilgerort der Revolutionsanhänger werden. Denn der Mann, der mit seiner Politik für die vielen Toten verantwortlich zeichnete, wurde auch hier beigesetzt – inmitten der fahnengeschmückten Märtyrergräber: Ayatollah Khomeini.

Tankerkrieg

Doch zurück zum iranisch-irakischen Krieg: Der Irak konnte zwar seine Front halten, geriet aber zunehmend mehr in Schwierigkeiten. Das lag an den ständig neuen Offensiven der Iraner. Es lag aber auch daran, daß für den Irak die Gefahr wuchs, den Krieg an der Heimatfront zu verlieren. Die Kriegskasse Bagdads war schon lange leer. Es führte einen Krieg auf Pump. Saudi Arabien hatte den Irakern, deren Ölexportanlagen zerstört und denen der Zugang zum Persischen Golf vom Iran abgeschnitten worden war, zwar eine Ölpipeline zur Verfügung gestellt, und über einen türkischen Mittelmeerhafen konnte so wenigstens noch etwas Öl exportiert werden. Doch zur Lösung der eigenen Finanzierungsprobleme reichte dies bei weitem nicht aus. Zu schwach, um den Krieg an der Landfront zu entscheiden, wich der Irak auf den Golf aus. Die eigenen Geldprobleme wiesen den Kriegsstrategen in Bagdad dabei den Weg. Noch floß durch den Ölexport Geld in die Kriegskasse Teherans. Diese Einnahmequelle galt es nun für den Irak ›zuzubomben‹. 1984 flogen die Iraker erste Angriffe auf den iranischen Ölverladehafen Karg und auch auf Tanker im Golf, die diesen Hafen ansteuern wollten. Zum zweiten Mal hatte der Irak damit einen Krieg begonnen. Diesmal war es der sogenannte Tankerkrieg, dessen Beginn zugleich eine gefährliche Internationalisierung des Konflikts einleitete. Teheran wollte und konnte die Antwort nicht schuldig bleiben. Irakische Tanker aber durchpflügten schon lange nicht mehr die Golfgewässer, weshalb der Iran ein Ersatzziel suchte und es auch fand: Frachter und Tanker, die – unter welcher Flagge auch immer – das Scheichtum Kuweit ansteuerten. Jenes Kuweit, das sich aus Angst vor dem Fundamentalismus des Ayatollah Khomeini als Nachschublager und Kreditgeber auf die Seite Bagdads geschlagen hatte. Der Tankerkrieg eskalierte und rief dann schließlich die USA direkt auf den Plan.

Noch galt nämlich die von Jimmy Carter im Januar 1980 für den Persischen Golf aufgestellte amerikanische Sicherheitsdoktrin. Unter dem Eindruck der damals von den Russen im Windschatten der amerikanischen Botschaftsbesetzung vorgenommenen Invasion in Afghanistan hatte Carter unmißverständlich gedroht: »Jeder Versuch einer auswärtigen Macht, Kontrolle über die Region des Persischen Golfes zu erlangen, wird als Angriff auf die vitalen Interessen der USA betrachtet und mit allen Mitteln, einschließlich militärischer Gewalt zurückgeschlagen.« Da durch den eskalierenden Tankerkrieg die freie Seeschiffahrt in der für die Ölversorgung der westlichen Industriestaaten wichtigen Golfregion zunehmend bedroht wurde, besann sich Washington auf seine »vitalen Interessen« in der Region und verstärkte seine militärische Präsenz im Golf. Zunächst allerdings noch in Form einer Drohgebärde. Direkt eingreifen mußten und wollten die amerikani-

Der Tankerkrieg:
Der Konflikt nimmt erst jetzt internationale Dimensionen an.

(Keystone)

schen Kriegsschiffe vorerst nicht. Gleichwohl war damit der entscheidende Schritt vom Regionalkonflikt zur Weltkrise vollzogen. Denn nicht mehr in Washington, sondern von den beiden im Golf Krieg führenden Parteien wurde jetzt darüber entschieden, ob die USA weiter in den Golfkonflikt verstrickt werden würden oder nicht. Bagdad, das in einer verstärkten amerikanischen Militärpräsenz für sich eine Entlastung sah, erkannte die einmalige Chance und nutzte sie konsequent. Die irakische Luftwaffe forcierte den Tankerkrieg und provozierte damit entsprechende iranische Gegenschläge. Von einer freien Seeschiffahrt, die zu garantieren sich Washington vor der Weltöffentlichkeit verpflichtet hatte, konnte fortan im Golf keine Rede mehr sein.

Washington war also gefordert. Dies umso mehr, als die amerikanische Einsatzbereitschaft bei den Golfanrainerstaaten immer mehr in Zweifel gezogen wurde. Das vorangegangene mißglückte Engagement Reagans im Libanon hatte dazu beigetragen; noch mehr aber das von Washington mit dem Iran heimlich in Gang gebrachte Waffen gegen Geiseln-Geschäft, das unter dem Namen ›Irangate‹ weltweit Schlagzeilen machen sollte, und das nicht nur den amerikanischen Präsidenten politisch in erhebliche Schwierigkeiten brachte, sondern zugleich auch das Ansehen der Amerikaner innerhalb der arabischen Welt auf Null sinken ließ.

Die USA in der Falle: ›Irangate‹

In den USA waren die Amerikaner nach dem Amtsantritt Ronald Reagans aus einem bösen nationalen Traum erwacht: Die gefangenen Botschaftsangehörigen waren frei, es gab keine amerikanischen Geiseln mehr. Ein starker Präsident hatte seinen entscheidungsschwachen Vorgänger im Weißen Haus abgelöst. Amerika machte sich auf die Suche nach einem neuen Selbstbewußtsein, wollte wieder die Nummer eins sein. Ronald Reagan hatte das dazu passende Weltbild anzubieten, das ebenso einfach wie eingänglich war. Darin waren die Ayatollahs die Drahtzieher des internationalen Terrorismus. Sie standen auf der Seite des Bösen. Sie und ihre internationalen

Helfershelfer mußten weltweit bekämpft werden. Reagans Grundsatz: Keine Konzessionen, keine Waffen, statt dessen harte Verhandlungen und, wenn nicht anders möglich, auch Gewalt. Der Iran, Syrien und Libyen waren in diesem Konzept die Unruhestifter im Krisenherd Naher Osten, die es auszuschalten galt. Für jeden von ihnen entwickelten Reagans Strategen ein eigenes Konzept: Für Ghaddafi gab es Bomben, für Syriens Präsident Assad geheime Kontakte und später auch gute Worte – und für Khomeini hatte man den Irak, der einem Export der islamischen Revolution im Wege stand.

Im Libanon aber lief Reagan mit seiner Strategie auf: Plötzlich wurde auch er mit einem Geiseldrama konfrontiert. Binnen weniger Wochen verschwand gleich rund ein Dutzend amerikanischer Staatsbürger im Libanon, gekidnappt von der radikalen pro-iranischen Hisbollah. Eingefädelt hatte das Ganze – davon war man in Washington überzeugt – niemand anderer als die Ayatollahs in Teheran. Washington reagierte sofort: Reagan entsandte Elitetruppen in den Libanon. Die Großmacht zeigte ihre Muskeln, was ihr in dem bürgerkriegsgeschüttelten Libanon allerdings nicht gut bekam. Im Herbst 1983 kamen mehr als 240 Soldaten der Elitetruppe bei einem Bombenanschlag auf ihr Hauptquartier in Beirut ums Leben. Reagans neue Politik der Stärke hatte ihren ersten schweren Dämpfer erhalten. Die Überlebenden wurden aus dem Libanon abgezogen. Neue Wege zur Befreiung der Geiseln mußten gesucht werden. Anfang 1985 glaubte man im Nationalen Sicherheitsrat, die Lösung gefunden zu haben. Man bot Teheran die Lieferung wichtiger Ersatzteile für die noch vom Schah gekauften Kampfflugzeuge sowie für Raketen und Radarausrüstungen an, verlangte dafür im Gegenzug eine Freilassung der amerikanischen Geiseln im Libanon und spekulierte zugleich politisch darauf, daß diese Aktion das verständigungsbereite Lager innerhalb der iranischen Revolutionsbewegung stärken würde. Da dieses Geschäft jedoch mit gültigen amerikanischen Gesetzen kollidierte und zudem der Öffentlichkeit kaum politisch zu erklären war, entschloß man sich, es in Form einer verdeckten Operation über die Bühne zu bringen.

Zunächst schien alles gut zu gehen. Im Juli wurde im Libanon die erste amerikanische Geisel entlassen, im August brachten zwei amerikanische Transportflugzeuge die erste Waffenlieferung nach Teheran, im September wurde die zweite amerikanische Geisel im Libanon freigelassen. Ein halbes Jahr später aber wurde die Aktion kurzfristig unterbrochen. Außenminister Schultz und Verteidigungsminister Weinberger hatten kalte Füße bekommen. Der Deal mit den Ayatollahs stand zu sehr im Widerspruch zur erklärten amerikanischen Außenpolitik. Das Risiko, so die beiden Politiker, sei zu hoch. Der Präsident schloß sich dem an. Doch im Sommer 1986 änderte er seine Meinung erneut. Unter dem Druck der bevorstehenden Kongreßwahlen erinnerte er sich an das Wahlfiasko seines Vorgängers Carter, der seinerseits an einem Geiseldrama gescheitert war – damals zu seinem, zu Reagans Gunsten. Das sollte sich nicht wiederholen. Reagan erlaubte die Wiederaufnahme der Waffenlieferungen an den Iran. Das einzige Ziel war diesmal die Freilassung einiger amerikanischer Geiseln im Libanon, die rechtzeitig dem Wählervolk präsentiert werden sollten, um so bei den Wahlen die Mehrheit im Senat zu sichern. Ein kleiner Stab des Sicherheitsrates leitete die Operation, die dann über Mittelsmänner in Israel und im Libanon abgewickelt werden sollte.

Der Rest ist in den Berichten amerikanischer Untersuchungsausschüsse nachzulesen: Drei Geiseln kamen im Libanon im Austausch gegen amerikanische Waffen für den Iran frei. In der gleichen Zeit hatte die pro-iranische Hisbollah allerdings schon wieder zwei neue amerikanische Geiseln genommen. Die Profite aus dem Waffenhandel landeten zum einen auf privaten Konten zwielichtiger Mittelsmänner, zum anderen – ebenso illegal – in den Händen der nicaraguanischen Contras. Der Stabschef des Präsidenten, Donald Regan, sein Sicherheitsberater John Poindexter und zahlreiche Mitarbeiter der beiden mußten den Hut nehmen.

Robert McFarlane, Reagans früherer Sicherheitsberater, der selbst heimlich nach Teheran gereist war, um das Geschäft mit den Ayatollahs zu besiegeln, unternahm einen Selbstmordversuch. Der Skandal war perfekt. Jahrelang hatte eben dieser Ronald Reagan die Verbündeten gedrängt, eindeutiger und kompromißloser seine angeblich so klare Haltung gegen den Iran zu unterstützen.

Reagans Glück im Unglück: Nach Watergate und Jimmy Carters iranischem Fiasko hatten die Amerikaner ganz einfach keine Lust, sich noch einmal vor aller Welt eines unfähigen Präsidenten zu entledigen und die eigene Schwäche einzugestehen. Der Prestigeverlust des Präsidenten aber war gewaltig; nicht nur in Amerika selbst, sondern auch innerhalb der arabischen Welt, wo man sich fragte, wieweit man dem Wort dieses Präsidenten noch trauen konnte. Der imposante amerikanische Flottenaufmarsch im Golf war zunächst nichts anderes als eine politische Antwort auf die Pleite mit dem geplatzten Iran-Geschäft.

Geleitschutzpolitik

Der Tankerkrieg ging in der Zwischenzeit unvermindert weiter. Nach Angaben der Londoner Schiffsversicherungsagentur Lloyd waren es beim Beginn des Waffenstillstands im August 1988 nicht weniger als 90 Schiffe, die im Persischen Golf während des Konflikts versenkt worden waren. Insgesamt – so weist es die Statistik von Lloyds aus – wurden 546 Schiffe während dieses Tankerkrieges angegriffen und beschädigt. 420 Seeleute kamen dabei ums Leben. Doch an einen Waffenstillstand mochte damals noch niemand so recht glauben. Der Weltsicherheitsrat der Vereinten Nationen arbeitete zwar an einer Waffenstillstandsresolution, doch allen Beteiligten war klar, daß der Iran auf die darin enthaltenen Bedingungen nicht eingehen würde. Weshalb die Amerikaner auch keinesfalls abwarteten, sondern immer noch mehr Kriegsschiffe in die Golfregion entsandten. Die lieferten sich kleine Scharmützel mit iranischen Booten, und zur Vergeltung von Luftangriffen auf Handelsschiffe wurden immer wieder mal iranische Ölplattformen bombardiert und in Brand gesetzt. Die Angst aber, daß die amerikanischen Verbände direkt in Kampfhandlungen einbezogen werden könnten, hatte man noch nicht. Daran änderte auch ein Raketentreffer in der US-Fregatte Stark nichts, 37 US-Seeleute wurden dabei getötet. Ein irakisches Kampfflugzeug hatte die Rakete abgefeuert – irrtümlich, wie man in Bagdad schnell versicherte. Washington akzeptierte die Entschuldigung des Irak und machte weiter gegen den Iran mobil.

Am 17. Mai 1987 war es zu diesem Zwischenfall gekommen, zwei Monate später wurde nach langem Hin und Her im Weltsicherheitsrat der Vereinten Nationen eine Waffenstillstandsresolution verabschiedet. Im Vertrauen darauf, daß Teheran dieses Abkommen ohnehin nicht akzeptieren würde, stimmte Bagdad dem UNO-Vorschlag sofort zu und versuchte, sich im Gegensatz zu dem störrischen Teheran der Weltöffentlichkeit als Friedensfreund zu präsentieren. Teheran ließ die Waffenstillstandsresolution zunächst einfach leerlaufen. Die Ayatollahs lehnten den Plan nicht ausdrücklich ab, akzeptierten ihn aber auch nicht. Der Stellungskrieg an der Landfront und der Tankerkrieg im Golf gingen daher unvermindert weiter. Genau zwei Tage nach der Verabschiedung der Waffenstillstandsresolution in New York leiteten die Amerikaner im Persischen Golf eine neue Phase des Tankerkriegs ein. Amerikanische Flottenverbände begannen mit ihrer umstrittenen Geleitschutzpolitik für Tanker und Handelsschiffe, die Kuweit ansteuerten und an deren Heck die amerikanische Flagge gehißt wurde.

Erneut drohte Amerika sich zu blamieren. Denn bereits bei dem ersten nach Kuweit zusammengestellten Konvoi ging fast alles schief. Mit allem hatten damals die amerikanischen Militärstrategen gerechnet. Mit Luftangriffen, mit einem Raketenbeschuß und auch mit einer selbstmörderischen Attacke von Schnellbooten der iranischen Revolutionswächter. Nicht aber damit, daß eine mit einfachsten Mitteln zusammengebastelte Treibmine die hochgezüchtete Kriegselektronik überlisten und einem der unter amerikanischer Flagge fahrenden kuweitischen Supertanker ein mächtiges Loch in den Schiffsleib reißen würde. Am Ende fuhren bei diesem ersten Konvoi die Tanker als Minenräumer vor den amerikanischen Fregatten her. Die Großmacht Amerika drohte im Golf zu einem schwimmenden Papiertiger zu werden, womit Reagans gesamte Geleitschutzpolitik gleich zu Beginn schon auf eine Mine aufgelaufen war. Spöttisch merkte damals Zbigniew Brzezinski, der frühere Sicherheitsberater des amerikanischen Präsidenten Jimmy Carter, an: »Wer wie eine Großmacht behandelt werden will, der muß sich auch wie eine Großmacht verhalten.«

Ohne jede Not hatte sich Washington in diese fatale Situation hineinmanövrieren lassen. Ein abgrundtiefes Mißtrauen gegenüber der Sowjetunion und der Wunsch, etwas für das eigene Prestige in der arabischen Welt zu tun, waren dafür verantwortlich.

Begonnen hatte all das Anfang 1987: Die amerikanische Küstenwache hatte ein Hilfsbegehren Kuweits unbeachtet liegen lassen, in dem die Kuweitis um Geleitschutz für ihre Tanker baten. Doch dies schien den Amerikanern damals nicht erwägenswert zu sein. Das änderte sich schlagartig, als Kuweit daraufhin die Russen bat, ihre Tanker unter sowjetischer Flagge fahren zu lassen. Moskau willigte ein, was in Washington sofort die Befürchtung auslöste, der Persische Golf könnte sich in eine sowjetische See verwandeln. Danach war es nur noch eine Frage weniger Wochen, bis die ersten Sternenbanner am Heck kuweitischer Tanker wehten und diese Tanker dann im Geleitschutz amerikanischer Kriegsschiffe Kurs auf Kuweit nahmen. Damit hatten beide Großmächte im Golfkonflikt Partei ergriffen: Mit ihrer bekundeten Hilfsbereitschaft hatten sich die Russen, mit der Umflaggungsaktion und der Geleitschutzpolitik die Amerikaner auf die Seite Kuweits und damit indirekt auf die Seite des Irak geschlagen.

Irakische Kampfbomber hatten mit ihren Angriffen auf Handelsschiffe im Golf den Flottenaufmarsch der Amerikaner provoziert. Die Russen sorgten mit Hilfe ihrer Zusage an Kuweit dafür, daß sich die Amerikaner noch tiefer in diesen Konflikt verstrickten. Washington selbst hatte bei den Aktionen das Heft des Handelns längst abgegeben, es reagierte nur noch – und fand sich prompt in einer äußerst prekären Situation wieder. Jetzt brannte die Lunte am mittelöstlichen Pulverfaß. Die Amerikaner standen hart am Rande eines heißen Krieges. Daß es nicht dazu kam, war zwei Umständen zu verdanken: Der Iran übte sich gegenüber Amerika zwar in verbaler Radikalität, verschärfte fast täglich die Tonlage in seinem Propagandakrieg gegen Washington. Doch er tat dies nur, um im eigenen Land über etwas anderes hinwegzutäuschen, daß man nämlich entgegen den eigenen Ankündigungen keinesfalls bereit war, sich direkt mit den Amerikanern anzulegen, oder, wie es aus Teheran immer wieder getönt hatte, den Persischen Golf zu einem Friedhof für die amerikanische Kriegsmarine zu machen.

Die Russen wiederum hatten kein Interesse, in der ohnehin schon explosiven Krisenregion zusätzlich noch den Ost-West-Gegensatz und damit die Großmachtkonkurrenz zu schüren. Denn Moskau zog in der Golfpolitik an einem Strang mit Washington, wenngleich auch aus anderen Gründen. Eine militärische Niederlage gegen den Irak hätte den Zusammenbruch des Revolutionsregimes in Teheran zur Folge gehabt. In Moskau fürchtete man für diesen Fall, daß es dann im Iran zu einer politischen Neuordnung mit westlicher Ausrichtung kommen, daß die Iraner dann ihre alten Beziehungen zu Amerika wiederaufnehmen könnten. Womit der sich für Moskau aus der Revolution ergebende Vorteil wieder verlorengehen würde. In Washington schätzte man die Lage genau umgekehrt ein. Ein militärischer Sieg des Irak wäre letztlich nur mit westlicher Hilfe möglich gewesen. Der Haß der Verlierer müßte sich daher dann voll gegen den Westen richten. Eine politische Neuordnung des Iran mit einer engen Anlehnung an den Ostblock war zu befürchten. Die Probe aufs Exempel konnte bisher nicht gemacht werden, vorerst muß offenbleiben, wer mit seiner Einschätzung recht hat, Washington oder Moskau. Denn für alle Beteiligten völlig überraschend willigte Teheran dann schließlich am 20. August 1988 doch noch bedingungslos in den Waffenstillstandsvorschlag des Sicherheitsrates der Vereinten Nationen ein.

Kriegsende

In Teheran, und dort keinesfalls nur innerhalb der Revolutionsführung, war man zutiefst verbittert über diese Entwicklung, fühlte man sich zu unrecht erst von den Amerikanern und dann von fast der gesamten Weltöffentlichkeit zum Sün-

denbock abgestempelt. »Hier wird das Opfer auf die Anklage-
bank gesetzt«, sagte der Mann auf der Straße. Ganz unrecht
hatte er damit nicht. Als der Irak im September 1980 mit einem
Luftangriff auf den Teheraner Flughafen diesen Krieg begonnen hatte, als irakische Bodentruppen in den Iran einmar-
schierten, reagierte die Weltöffentlichkeit nicht. Als sich die
vermeintlich wehrunfähigen Revolutionstruppen des Ayatollah Khomeini dann überraschend als kampfstark erwiesen,
den Angriff auffingen und die gegnerischen Truppen schließlich weit hinter die eigene Grenze zurückdrängten, da erst
meldete sich der Weltsicherheitsrat der Vereinten Nationen.
Teheran wurde aufgefordert, die Kampfhandlungen sofort einzustellen. Als Bagdad den Tankerkrieg im Golf begann, um den
iranischen Ölexport zu unterbrechen, entsandten allen voran
die Amerikaner mächtige Flottenverbände in den Golf, um
dort gegen Teheran mobilzumachen. Als der Irak zum ersten
Mal international geächtete chemische Waffen an der Front
einsetzte, nahm man das im Westen zum Anlaß, Teheran zu
einer Beendigung dieses Wahnsinns aufzufordern. Und als der
Irak mit dem Städtekrieg begann und die ersten irakischen
Boden-Boden-Raketen in den dichtbesiedelten Wohnvierteln
der iranischen Städte einschlugen, forderte Washington als
Reaktion darauf ein internationales Waffenembargo gegen den
Iran.

Trotz der dadurch ausgelösten Verbitterung war nach den
acht schweren Jahren die Kriegsmüdigkeit im Iran nicht zu
übersehen. Die Revolutionsführung hatte zunehmend
Schwierigkeiten, weitere Freiwillige für den Fronteinsatz zu
rekrutieren. Der von Bagdad ohne Rücksicht auf Verluste
durchgeführte Giftgaseinsatz im nördlichen Frontabschnitt,
dem Tausende von Zivilisten zum Opfer fielen, hatte innerhalb
der iranischen Bevölkerung verheerende psychologische Auswirkungen. Als dann auch noch erneut der Städtekrieg entfacht und vor allem die Hauptstadt Teheran mit Bomben und
Raketen belegt wurde, machte sich eine neue Angst breit, die
Angst davor, daß die irakischen Mittelstreckenraketen eines
Tages statt mit Sprengstoff mit Giftgas gefüllt sein könnten. Ein
von den Amerikanern als bedauerlicher Irrtum bezeichneter

Vorfall gab dem Iran dann offenbar den Rest. Über dem Persischen Golf wurde versehentlich ein vollbesetzer Airbus der Iran Air mit einer amerikanischen Rakete vom Himmel geholt. Erst danach scheint es den gemäßigteren Kräften im Iran möglich gewesen zu sein, dem greisen Ayatollah seine ungebrochene Kriegslust auszureden. Mit der überraschenden Annahme der UN-Waffenstillstandsresolution schwiegen nach acht Jahren Krieg am Golf die Waffen. Der langersehnte Waffenstillstand war endlich Wirklichkeit geworden. Der Frieden aber ist damit noch lange nicht erreicht. Den Krieg hatte der Iran damit nicht verloren, gleichwohl aber war dies eine Niederlage für den inzwischen 89jährigen Ayatollah Khomeini, die erste überhaupt. Den Waffenstillstand zu akzeptieren, erklärte er seinen verwunderten Landsleuten, war »tödlicher als Gift zu nehmen. Ich unterwerfe mich dem Willen Allahs, ich nahm diesen Trunk zu seiner Genugtuung.«

Die Resolution 598 des Sicherheitsrates der Vereinten Nationen, die auf den Ayatollah wie Gift wirkte, verlangt vom Irak und vom Iran, »als ersten Schritt in Richtung auf eine Verhandlungslösung« mit sofortiger Wirkung das Feuer einzustellen und unverzüglich alle Streitkräfte hinter die internatinal anerkannten Grenzen zurückzuziehen. Gleichzeitig soll – was inzwischen ebenfalls schon geschehen ist – eine unbewaffnete UNO-Truppe zur Beobachtung des vorläufigen Friedenszustands an die Grenze entsandt werden. Die Resolution fordert beide Parteien auf, ihre Kriegsgefangenen auszutauschen. Zudem wird der Generalsekretär der UNO beauftragt, die Probleme des Wiederaufbaus im Irak und im Iran mit Hilfe eines Expertenteams prüfen zu lassen und dann dem Sicherheitsrat einen entsprechenden Bericht vorzulegen. Politisch am heikelsten dürfte das in der Resolution enthaltene Vorhaben sein, eine unabhängige Expertenkommission einzusetzen, von der die Frage der Kriegsschuld geprüft werden soll. Dies war eine für Teheran erarbeitete Kompromißformel, denn jahrelang hatte Khomeini verlangt, daß vor einer Beendigung des Waffenstillstands der Irak vor der Weltöffentlichkeit als Aggressor in diesem Konflikt benannt werden müsse. Wer aber die Verantwortung für den Krieg zu tragen hat – so die Überlegung der

Irakische Truppen:
Das Feindbild Khomeini.

(dpa)

Mullahs –, der ist nach Kriegsende auch verpflichtet, Reparationsleistungen für die entstandenen Kriegsschäden zu erbringen.

Der Waffenstillstand wurde erreicht, mehr bisher aber auch nicht. Von dem in der UNO-Resolution verlangten »umfassenden, gerechten und ehrenhaften« Frieden aber ist man ebenso weit entfernt wie acht Jahre zuvor bei Kriegsbeginn.

Am Vorabend dieses Waffenstillstands entsprach der Frontverlauf von Kurdistan im Norden bis zum Persischen Golf im Süden fast genau der Vorkriegsgrenze. Damit standen sich die Truppen wieder dort gegenüber, wo im Spätsommer 1980 alles begonnen hatte. In Bagdad wie in Teheran waren noch jene Regime an der Macht, die acht Jahre zuvor die Kriegsentscheidung getroffen hatten. Der Irak hatte den Sprung zur regionalen Großmacht in der Golfregion nicht geschafft. Den Ayatollahs in Teheran war ihr Versuch, ihre Revolution als Modell auch für die arabisch-islamische Welt zu exportieren, gründlich danebengegangen. Die Konflikte zwischen den beiden Staaten, die mitverantwortlich für den Ausbruch des Krieges waren, blieben weiter ungelöst. Bagdad beharrt darauf, daß das mit dem Schah geschlossene Abkommen von Algier ungültig ist und die Hoheitsrechte über den gesamten Wasserlauf des Shatt-el-arab dem Irak zustehen, Teheran weigert sich, diese Grenzfestlegung anzuerkennen. Die südliche Ölprovinz Khusistan ist zwar fast völlig zerstört, autonom geworden ist sie dadurch aber nicht. Die Inselgruppe an der Straße von Hormuz wird weiter von den Iranern besetzt gehalten und von gleich mehreren anderen Staaten für sich reklamiert. Der Irak ist keine Islamische Republik geworden, er wird weiter von einem laizistischen Militärregime beherrscht, und die Schiiten werden weiter von den Sunniten diskriminiert. Das Revolutionsregime in Teheran ist entgegen allen Erwartungen weder beim ersten Ansturm noch später zusammengebrochen, die Ayatollahs – untereinander zwar heftig zerstritten – sitzen heute fester an den Schalthebeln der Macht als je zuvor.

Zuverlässige Angaben darüber, wieviele Kriegstote die achtjährige Auseinandersetzung gekostet hat, liegen nicht vor. Man kann aber davon ausgehen, daß mit Sicherheit weit über eine Million Menschen insgesamt in diesem Krieg gefallen sind. Nach halbamtlichen iranischen Angaben leben heute über 150 000 Schwerkriegsbeschädigte im Iran, die jetzt versorgt werden müssen. Man schätzt, daß rund 70 000 Iraker in iranischer Kriegsgefangenschaft sitzen, der Irak hat rund 35 000 Kriegsgefangene gemacht. Von einem demonstrativen, zahlenmäßig aber sehr geringen Austausch verletzter oder kranker Kriegsgefangener abgesehen, zeichnet sich für den Austausch aller Kriegsgefangenen noch keine Lösung ab. Millionen von Menschen auf beiden Seiten sind durch den Krieg zu Flüchtlingen im eigenen Land geworden – ihre Heimat wurde zerstört, sie selbst mußten sich auf die persische Hochebene oder ins irakische Hinterland retten. Die materiellen Schäden, die der Krieg verursachte, sind gewaltig. Von Experten werden sie auf 500 bis 600 Milliarden US-Dollar veranschlagt, wobei in diese Berechnung nicht nur die Kriegszerstörungen, sondern auch die Einkommensverluste aus dem zusammengebrochenen Ölexport eingegangen sind. Jeweils rund 100 Milliarden US-Dollar haben sowohl der Iran wie auch der Irak während der acht Kriegsjahre für die Beschaffung von Rüstungsgütern ausgegeben.

Gelder, die in beiden Staaten nicht mehr für den dringend benötigten Aufbau der Wirtschaft verwendet werden können. Im Iran wird die Summe, die in den nächsten zehn Jahren für den Wiederaufbau des Landes und zur Ankurbelung der Wirtschaft gebraucht wird, mit 90 Milliarden US-Dollar veranschlagt, im Irak spricht man von rund 50 Milliarden Dollar. Die Finanzierung dürfte problematisch werden. Der Irak, der bei Ausbruch des Krieges noch über eine Devisenreserve von 35 Milliarden Dollar verfügt hatte, ist heute mit über 60 Milliarden Dollar verschuldet. Hauptgläubiger ist Saudi Arabien. Der Iran hat praktisch keine Auslandsschulden, doch auch in Teheran sind die einst stattlichen Devisenreserven restlos aufgezehrt.

Zwischen dem Iran und dem Irak herrscht heute kein Friede, es handelt sich vielmehr um einen Zustand, in dem es keinen Krieg mehr gibt. Beide Parteien sind zu erschöpft, um in absehbarer Zeit den nach acht Jahren endlich erreichten Waffenstillstand wieder in Frage zu stellen. Unter der Aufsicht der Vereinten Nationen wird sich dieser Waffenstillstand daher bis auf weiteres als stabil erweisen. Doch die Kriegsgegner von gestern stehen sich heute mißtrauisch und waffenstarrend an den Grenzen gegenüber. Die Kosten für diese Wehrbereitschaft sind hoch. Zudem bemühen sich beide Seiten darum, möglichst schnell die militärischen Kriegsschäden wieder auszugleichen, die Waffenarsenale wieder aufzufüllen. Der Iran und der Irak bleiben daher trotz des Waffenstillstands ein guter Absatzmarkt für den internationalen Waffenhandel. Die Hoffnungen, daß nach einem Ende des Krieges die Ölproduktion wieder angekurbelt und die Deviseneinnahmen aus dem Ölexport in den Aufbau der zivilen Wirtschaft gesteckt werden können, erweisen sich als trügerisch. An der Front wird zwar nicht mehr gestorben, dafür muß jetzt im Inneren die bittere Kriegsrechnung beglichen werden.

Die Nachkriegspolitik

Alle nachrevolutionären Wirren, die Folgen der Teheraner Geiselaffäre sowie der achtjährige iranisch-irakische Krieg, die jahrealte schwere Wirtschaftskrise und auch der massive internationale Druck haben den Führern des Irans nichts anhaben können. Trotz aller Schwierigkeiten hat sich die Islamische Republik Iran etabliert, wirkt das Machtgefüge des islamischen Klerus stabil. Fast alle Schlüsselpositionen sind mit islamischen Geistlichen besetzt. Im Parlament und in der Justiz, der Armee, den Medien und in den inzwischen zahlreichen revolutionären Organisationen haben sich die Mullahs und Ayatollahs eine feste Machtbasis geschaffen. Mit Hilfe der Polizei, der Gendarmerie, des neuen Geheimdienstes SAVAM, der Revolutionsgarden und Kommittees sowie der Unterstützung des Hezbollahi, der revolutionären Jugendtrupps kann die islamische Geistlichkeit ihren Machtanspruch problemlos auch dort durchsetzen, wo sich Widerstand regt. Doch das ist nur noch selten der Fall. Obwohl die anhaltende Hinrichtungswelle einen anderen Eindruck vermittelt, spielt die Opposition im Iran heute praktisch keine Rolle mehr. Sie wurde zerschlagen und zunächst in den Untergrund, später ins Exil gejagt. Neue politische Gegner haben sich nicht formiert, vor allem ist weit und breit auch keine Persönlichkeit zu sehen, die eine politische Alternative zum islamischen Klerus und damit zur Islamischen Republik sein könnte. Die iranische Auslandsopposition, gleich welcher politischen und religiösen Couleur, ist erst recht bedeutungslos. Im Gegensatz zur Revolution vom Februar 1979 wird es auf absehbare Zeit keinen erneuten, von außen organisierten Umsturz geben. Die Machtfrage wird im Iran selbst ausgefochten und entschieden.

Trotz dieser erstaunlich günstigen Voraussetzungen begann für die Revolutionsbewegung mit Beginn des Waffenstillstands eine innenpolitisch äußerst schwierige Phase. Denn anders als beim Ende der Geiselaffäre, wo der Krieg mit dem Irak bereits begonnen hatte, fehlt jetzt sozusagen die »Anschlußveranstaltung«. Zum ersten Mal überhaupt muß sich die Revolutionsführung in Friedenszeiten bewähren, muß sie beweisen, daß sie das richtige Konzept für einen konstruktiven Aufbau des Landes und der Gesellschaft hat. Die Erleichterung der Bevölkerung über die langersehnte Beendigung des Krieges ist groß; im fundamentalistischen Lager freilich zeigt sich verletzter Nationalstolz aufgrund dieses Endes ohne Sieg. Bis zum Schluß hatte man sich hier gegen einen Waffenstillstand gesträubt und sich letztendlich nur dem ausdrücklichen Befehl Ayatollah Khomeinis gebeugt. Diese politisch-psychologische Ausgangsposition ließ bereits unmittelbar nach Kriegsende neue irrationale Ausschläge erwarten. Zumal nicht nur im fundamentalistischen Lager, sondern in der Revolutionsbewegung insgesamt immer lauter unangenehme Fragen nach der Verantwortlichkeit gestellt werden. Die gleichen Bedingungen, die man 1988 für einen Waffenstillstand akzeptierte, hatte man bereits sechs Jahre vorher nach der großen Wende an der Front geboten bekommen. Inzwischen aber hat es noch mehrere hunderttausend Tote gegeben, sind die eigentlichen Kriegsschäden erst entstanden. Wer ist dafür verantwortlich?

Nicht nur der Blick zurück und die Frage nach dem Sinn und der Verantwortlichkeit prägten angesichts des Waffenstillstands die Gemütslage der islamischen Nation, sondern vor allem schon fast euphorische Erwartungen. Jetzt, nach dem ganzen Durcheinander der vergangenen Jahre, nach einer weltweiten Isolation, nach internationalen Sanktionen und einer achtjährigen Kriegswirtschaft, die das tägliche Leben ungeheuer beschwerlich gemacht hatte, mußte es endlich aufwärts gehen. Jetzt waren die Voraussetzungen für einen wirtschaftlichen Aufbau gegeben. Diese mit dem Kriegsende verbundenen Hoffnungen der Bevölkerung waren so hoch gesteckt, daß sie – was immer auch passierte – von der Revolutionsführung nur enttäuscht werden konnten. Neuer innenpolitischer Konfliktstoff baute sich auf. Zumal – und das gilt auch noch nach dem Tod von Ayatollah Khomeini – erst einmal zwei äußerst schwierige Themen innerhalb der Revolutionsbewegung entschieden werden müssen. Erst einmal die nach wie vor ungeklärte Machtfrage: Immer noch stehen sich zwei islamische Fraktionen politisch kampfbereit gegenüber.

Zum anderen die Grundsatzentscheidungen über den künftigen Kurs in der Wirtschafts- und Sozialpolitik der Islamischen Republik: Eine Festlegung, die immer wieder durch den Machtkampf der verschiedenen islamischen Blöcke verhindert wurde und damit bis auf den heutigen Tag offenblieb.

Unsicherheitsfaktoren aufgrund der innenpolitischen Situation gab es bei Kriegsende deshalb mehr als genug. Der geeignete innenpolitische Blitzableiter allerdings fehlte. Die mit dem Irak geführten Friedensverhandlungen bieten zwar viele Ansätze für die eigene Propaganda, angesichts der Kriegsmüdigkeit des iranischen Volkes ist eine Mobilisierung der Massen damit aber nicht mehr zu erreichen. Der Propagandafeldzug gegen den Erzfeind Amerika hat sich abgenützt, die Revolutionsführung mußte sich deshalb etwas Neues einfallen lassen. Zunächst einmal sah es nach dem Krieg ja so aus, als ob man nun tatsächlich zum ersten Mal mit einer wirklichen politischen Gestaltung der Gesellschaft beginnen wollte.

Gemäßigte und Radikale – die islamischen Fraktionen

Während der nachrevolutionären Jahre war es Ayatollah Khomeini immer wieder gelungen, die beiden Fraktionen innerhalb seiner Revolutionsbewegung in einem machtpolitischen Gleichgewicht zu halten: Das sogenannte konservative und das radikale Lager, zwei Klassifizierungen, die freilich nicht auf den europäischen Sprachgebrauch übertragen werden können. Ein konservativer, mit dem Großgrundbesitz und den reichen Basarhändlern verbundener Klerus steht bei dieser Auseinandersetzung den sogenannten Progressiven oder auch Radikalen gegenüber, die mit der Unterschicht, den Ärmsten der Armen paktieren. Persönliche Rivalitäten und religiös-ideologische Unterschiede haben zu dieser Fraktionierung geführt, aber auch ein Klassengegensatz, der bereits während der Revolution angelegt war und später nie überwunden werden konnte. Die mit dem Klerus teils verbandelten, teils identischen Großgrundbesitzer ebenso wie die Basarhändler hatten aus religiöser Überzeugung die Revolution des Ayatollah Khomeini finanziert. Und die Angehörigen der Unterschicht, die

Barfüßigen, hatten unter großen Opfern für den Sieg dieser Revolution gekämpft. Beide Gruppen haben jedoch unterschiedliche, vielfach sogar konträre Erwartungen mit dem Umsturz verbunden. Und beide Lager glauben heute einen Anspruch auf die Erfüllung ihrer Hoffnungen zu haben. Ayatollah Khomeini aber konnte nicht beiden Gruppen gleichzeitig gerecht werden, weshalb er bis zu seinem Tod lavierte, und nichts dagegen unternahm, daß die Grundsatzfragen jahrelang offenblieben.

Die inhaltlichen Positionen zwischen den beiden islamischen Fraktionen, die diesen Interessensgegensatz widerspiegeln, sind klar. Die Konservativen propagieren einen Wiederaufbau unter privatwirtschaftlichen Vorzeichen. Sie wollen am Schutz des Privateigentums festhalten und lehnen vor allem jede radikale Landreform ab. Der Basar soll seine traditionelle Handelsfunktion behalten, der vorübergehend verstaatlichte Im- und Export somit wieder der privaten Hand überlassen werden. Von den nationalen Schlüsselindustrien einmal abgesehen soll der Staat nach ihren Vorstellungen auf Eingriffe in den Wirtschaftsablauf verzichten. Der Markt, also das freie Spiel von Angebot und Nachfrage, soll die volkswirtschaftliche Entwicklung bestimmen. Zudem streben sie eine vorsichtige Liberalisierung im Inneren an. Hinter diesem ordnungspolitischen Konzept der Konservativen steht unausgesprochen eine zumindest vorsichtige wirtschaftspolitische Öffnung gegenüber dem Westen. Die konservative Fraktion will nicht nur mit dem Koran unter dem Arm, sondern durchaus auch mit Pragmatismus an die Lösung der anstehenden Probleme herangehen. Außenwirtschaftsbeziehungen sind für sie kein Verrat an den revolutionären Zielen. Wenn anders nicht möglich, soll die Islamische Republik bei dem überall propagierten »heiligen Krieg für den Wiederaufbau« des zerstörten Landes jedoch auch auf ausländische Kredite zurückgreifen können.

In den Augen der radikalen, progressiven Fraktion ist dies aber ein Verrat an der Revolution. Internationale Wirtschaftsbeziehungen, so glauben sie, münden nur wieder in neue politische Abhängigkeiten. Zudem würden sie dem unerwünschten westlichen Kultureinfluß erneut die Tore öffnen.

Die Radikalen streben eine staatlich gelenkte Planwirtschaft auf der Basis der vom Koran gesetzten Wirtschaftsregeln an. Damit versprechen sie sich auch eine gerechtere Verteilung der Güter im Sinne der ursprünglichen revolutionären Ziele. Eine Fortdauer der gegenwärtigen Wirtschafts- und Versorgungskrise muß in diesem Konzept als Preis für die eigene Unabhängigkeit in Kauf genommen werden. Dies gilt sowohl gegenüber dem Westen, dessen erneuten Würgegriff man fürchtet, als auch gegenüber dem Osten, den man für ebenso imperialistisch hält, der noch dazu einer gottlosen Ideologie verpflichtet ist. Parlamentspräsident Rafsandjani, selbst Sohn eines Großgrundbesitzers, und der frühere Staatspräsident Khamenei, der zum Nachfolger Khomeinis gewählt wurde, gelten als die Repräsentanten des konservativen Klerus. Eine Gruppe von Zivilisten und Geistlichen rund um Ministerpräsident Musavi bildet die Führung der Progressiven.

Gegen Ende des Krieges und zu Beginn des Waffenstillstands sah es so aus, als sei die Entscheidung bereits zugunsten der Konservativen gefallen. Vor allem Rafsandjani, von Khomeini zusätzlich zum Oberbefehlshaber der Armee ernannt, hatte sich für eine Beendigung des Krieges stark gemacht. Er war in der islamischen Hierarchie unübersehbar zum eigentlich starken Mann hinter Ayatollah Khomeini aufgestiegen. Der Imam selbst hatte dafür Anfang 1988 die Voraussetzungen mit einem ganzen Maßnahmebündel geschaffen, das schon einer Revolution innerhalb der Revolution gleichkam. Damals setzte er eine ganze Welle weltlicher Reformen in Gang, die kaum noch in Einklang zu bringen waren mit dem, was große schiitische Denker bisher als politischen Rahmen für den Gottesstaat auf Erden vorgegeben hatten. Dafür gab es Gründe.

Trennung von Staat und Religion?

Jahrelang war im Iran jede Gesetzgebungs- und damit auch Reformarbeit blockiert. Was immer in dem mehrheitlich radikal besetzten Parlament an Gesetzen verabschiedet wurde, der dem Gremium übergeordnete konservative Wächterrat stoppte sie mit Hinweis auf ihre angebliche Unvereinbarkeit mit den

Vorschriften des Korans. Alle Anläufe der Regierung, eine Umverteilung des nationalen Volkseinkommens und eine Neuordnung der iranischen Wirtschaft zu schaffen, scheiterten auf diese Weise selbst dann, wenn sie die parlamentarischen Hürden bereits genommen hatten. Politisch bewegte sich so nichts, weder die eine noch die andere Seite konnte die Früchte der Revolution ernten. Die Islamische Republik wurde damit ein zwar strenggläubig beherrschter, in seinen Wirtschafts- und Sozialstrukturen aber zurückgebliebener Staat.

Permanente Streitereien hatte es in dieser Patt-Situation immer schon gegeben. Eine vom radikalen Flügel angesichts hoher Kriegskosten und sinkender Einnahme aus dem Ölexport angezettelte Steuerdiskussion aber ließ dann das islamische Faß überlaufen. Die Konservativen machten mobil. Denn Steuern sind im Koran nicht vorgesehen. Steuern hatten die Großgrundbesitzer und Basarhändler nicht einmal während der Schah-Zeit an den Staat entrichten müssen. Unter Berufung auf den Koran erklärte der konservative Klerus jede Besteuerung, ja selbst den bloßen Gedanken daran, zu einem Verstoß gegen den Islam schlechthin. Zugleich setzte der Basar das Gerücht in Umlauf, es sei sogar eine Besteuerung der privaten Spareinlagen bei den Banken geplant. Lange Kundenschlangen vor den verstaatlichten Bankfilialen waren die Folge. Soviele Gelder wurden abgezogen, daß der Regierung schließlich die Zahlungsunfähigkeit drohte. Ayatollah Khomeini intervenierte daraufhin. Die Eintreibung von Steuern sei nicht nur erlaubt, sie bilde vielmehr einen der ersten Grundsätze des Islam. Der damals noch vom Golfkrieg bestimmte wirtschaftliche Druck hatte die Glaubensfestigkeit erschüttert und zu ersten pragmatischen Entscheidungen gezwungen.

Weitere Verordnungen des greisen Revolutionsführers folgten. Zunächst einmal verfügte er eine Vereinheitlichung des Strafmaßes, eine vermeintlich harmlose Angelegenheit, die gleichwohl gesellschaftspolitischen Zündstoff in sich barg. Denn bis dahin war es allein das Privileg der Mullahs gewesen, selbstherrlich erst- und damit zugleich letztinstanzliche Urteile zu fällen. Nun mußten sie sich weltlich ausgerichteten Ordnungskriterien beugen. Dann verfügte Khomeini die Verstaatlichung der Bodenschätze – ebenfalls ein unübersehbarer Bruch mit den bis dahin geltenden schiitisch-islamischen Grundsätzen. Als der Ayatollah schließlich auch noch den Einspruch des konservativen Klerus gegen ein geplantes neues Arbeitsrecht vom Tisch fegte, kam es innerhalb der Geistlichkeit fast zum Aufruhr. Die Ayatollahs wiesen öffentlich darauf hin, daß die neuen – immerhin ja von Khomeini selbst abgesegneten – Gesetze gegen die Schariah verstießen und Ayatollah Khonsari, der Freitagsprediger der Industriestadt Arak, verkündete den Gläubigen gar, die jüngsten Interpretationen klar formulierter Vorschriften des Korans kämen einer Häresie gleich – ein Vergehen, das nur mit dem Tod bestraft werden könne. Niemand dürfe die göttlichen Gesetze umdeuten oder gar außer Kraft setzen, nur um eine größere Gefolgschaft hinter sich zu bringen. Manche Häretiker aber täten dies, sie sollten daher zur Hölle fahren.

Damit war Ayatollah Khomeini direkt herausgefordert. Er reagierte sofort und tat dies kompromißlos. Wobei er einmal mehr bewies, daß er keinesfalls der schiitische Fanatiker mittelalterlicher Prägung war, sondern ein Politiker mit strategischem Weitblick, der das Ziel seiner Revolution bis zum Schluß nie aus den Augen verlor. Mit einem Edikt, das im Iran als politisch-ideologisches Vermächtnis des Ayatollah verstanden wurde, legte er fest, daß die Regierungsgewalt höchstes islamisches Recht repräsentiert. Damit wurde die Regierung ermächtigt, im Interesse des Gesamtwohls andere islamische Vorschriften außer Kraft zu setzen. Mit dieser Erklärung schuf Khomeini knapp zehn Jahre nach der Revolution im Iran zumindest die theoretischen Voraussetzungen für den Aufbau eines modernen Staatswesens. Eine Anpassung der Wirtschafts- und Sozialstrukturen an die Anforderungen der Neuzeit war damit wenigstens vorstellbar geworden.

Mit dieser pragmatischen Radikalkur stärkte Khomeini bewußt den Staat und damit die weltliche Macht. Die Regierung, so der greise Revolutionsführer, sei durchaus befugt, im übergeordneten Interesse des Landes notfalls auch Moscheen zu schließen oder gar abreißen zu lassen. Der Staat habe ebenfalls das Recht, religiöse Zeremonien, wie etwa die Pilgerfahrt

nach Mekka zu verbieten, wenn staatliche Interessen dem ent-
gegenstünden.

Zur Durchsetzung seiner neuen Politik schuf der Ayatollah
auch die institutionellen Voraussetzungen. Er etablierte einen
obersten Schlichtungsrat, der das letzte Wort hat, wenn sich die
Vorstellungen des Parlaments mit denen des bisherigen Wäch-
terrats nicht vereinbaren lassen. Die jahrelange gegenseitige
Blockierung sollte auf diese Weise aufgehoben werden. Mit
einem Federstrich hatte Khomeini die Machtstrukturen innerhalb der Revolutionsbewegung verändert. Der schiitische Klerus wurde durch diese Entwicklung politisch entmachtet, quasi
durch die Hintertür war eine Trennung von Religion und Staat
eingeführt. Fast schien der Beginn einer islamischen Säkulari-
sierung gekommen. Um seine Revolution zu retten, hatte sich
Khomeini gegen die Theokratie und für die Technokratie entschieden.

»Der Hai« – der Mann im Hintergrund

Viele haben dies zunächst als eine Weichenstellung im Hin-
blick auf die künftige Ausgestaltung der Wirtschaftsordnung
im Iran interpretiert. Doch Khomeinis revolutionäre Kehrt-
wendung bedeutete mehr, war grundsätzlicher gemeint.
Innerhalb des islamischen Systems sollte den miteinander um
die Macht ringenden Gruppierungen mehr politische Gestal-
tungsfreiheit gegeben werden. Am meisten genutzt hat diesen
Spielraum nicht die amtierende radikale Regierung, sondern
jener Mann, der wie kein anderer im Iran vermeintlich Unver-
einbares gleichwohl unter einen Hut bekommt. Der islamischen Verbalradikalismus problemlos mit pragmatischer Politik verknüpft, der, wenn es sein muß, lautstark mit den Wölfen
des radikalen Lagers heulen kann und gleichzeitig dennoch
eine entgegengesetzte Politik betreibt: Der langjährige Parlamentspräsident Rafsandjani, der schon lange als der eigentlich
starke Mann der Republik gilt und dem trotz aller Höhen und
Tiefen, die auch er durchleben muß, die größten Chancen eingeräumt werden, auch jetzt nach dem Tod des Ayatollahs eine
entscheidende politische Rolle spielen zu können.

Machtpolitiker Rafsandjani:
Tritt er aus seinem Schatten heraus?

Rafsandjani ist ein ausgebuffter Machtpolitiker, dem selbst dann noch geschickte taktische Winkelzüge einfallen, wenn andere schon glauben, daß für ihn das politische Aus gekommen ist. Ein strenggläubiger Moslem, den allerdings keine Aura der Frömmigkeit umgibt. Ein Mann, den man im Iran wegen seines ausgeprägten Machtinstinkts »Der Hai« nennt. Er, der die Kriegsziele des Iran schon lange nicht mehr für erreichbar hielt, hatte am Ende dem greisen Khomeini die Zustimmung zu dem von der UNO ausgehandelten Waffenstillstand abgetrotzt. Auch das nicht ohne Hintergedanken. Jedermann im Iran war klar, daß der Krieg spätestens nach dem Ableben des Revolutionsführers beendet sein würde. Dessen politischer Nachfolger, als den Rafsandjani sich ungeachtet der formellen Ernennung von Staatspräsident Khamenei auch heute noch sieht, hätte als erstes den Kriegszielen abschwören und den von vielen als schmachvoll empfundenen Waffenstillstand unterschreiben müssen. Man hätte ihm dann Verrat an der Revolution des Ayatollah Khomeini vorwerfen können. Weshalb Rafsandjani darauf drängte, den Krieg noch zu Lebzeiten des Ayatollahs zu beenden. Den Revolutionsführer selbst einen Schlußstrich ziehen zu lassen unter einen Kampf, den er acht Jahre lang verbissen geführt hatte. Nicht Rafsandjani, sondern Khomeini war es denn auch noch, der den Waffenstillstand billigte.

Rafsandjani ist Pragmatiker mit einem auch westlicher Logik zugänglichen Realitätssinn. Wohl deshalb wird er im Westen als gemäßigt eingestuft, als ein möglicher Gesprächs- und Geschäftspartner gesehen. Eine wirkliche politische Standortbestimmung indes ist bei ihm kaum möglich. Rafsandjani ist ein glänzender Redner, als Freitagsprediger in Teheran kann er die Massen mühelos in die von ihm gewünschte Richtung lenken. Seine rhetorischen Fähigkeiten ermöglichen es ihm immer wieder, Gegensätzliches gleichzeitig zu vertreten. Er forderte den Krieg bis zum Sieg, verwies gleichzeitig aber auch auf die Möglichkeit einer diplomatischen Konfliktlösung. Er ließ Haßtiraden gegen den Satan Amerika los und fädelte gleichzeitig mit Washington das ›Waffen gegen Geiseln Geschäft‹ ein, das weltweit als ›Irangate‹

Furore machte. Der Sohn eines Großgrundbesitzers, der durch den Handel mit Pistazien reich wurde, wetterte gegen die Besitzenden, ohne aber die Eigentumsverhältnisse anzutasten. Er war einer der Drahtzieher bei der Geiselnahme in der amerikanischen Botschaft von Teheran, verurteilt aber zugleich die Entführungen im Libanon als unislamisch und bietet gegen einen entsprechenden politischen Preis seine Vermittlungsdienste an. Rafsandjani steht hinter den reichen Basarhändlern in Teheran, macht sich zugleich aber zum Anwalt der barfüßigen Habenichtse.

So wie Khomeini ist auch er bis heute den längst überfälligen wirtschaftspolitischen Grundsatzentscheidungen erfolgreich ausgewichen. Wankelmütigkeit hat man ihm daher vorgeworden, zuweilen auch machtbezogenen Opportunismus. Rafsandjani ist ein Kind dieser Revolution, ihr verdankt er seinen steilen Aufstieg. Unmittelbar nach dem Umsturz war er noch ein Mann der zweiten Garnitur. Im Gegensatz zu seinen politischen Konkurrenten aber überlebte er die tödlichen Bombenanschläge auf die Zentrale der damaligen Islamischen Republikpartei und auf das Büro des Ministerpräsidenten im Jahre 1981. Damit war der Weg für ihn frei. Er wurde in den Revolutionsrat berufen, kurz danach zum Innenminister ernannt. 1980 übernahm er den Posten des Parlamentspräsidenten, in den letzten Kriegsmonaten übertrug ihm Ayatollah Khomeini zusätzlich das Oberkommando über die iranische Armee.

Rafsandjani war es vor allem, der nach dem Waffenstillstand eine politische Wende im Iran einleitete. Er tat dies der Not gehorchend. Acht Jahre Krieg hatten das Land ausgeblutet und an den Rand des wirtschaftlichen Zusammenbruchs gebracht. Schon vermischte sich in der Bevölkerung die Erleichterung über das Kriegsende mit unübersehbarer Unzufriedenheit angesichts der Wirtschaftskrise. Die Produktion war zusammengebrochen, Versorgungsengpässe traten schmerzhaft zutage, zudem fingen Spekulation und Korruption – die alten iranischen Erzübel – schon wieder wie ein Krebsgeschwür in der Gesellschaft an zu wuchern. Im Iran hatte die Stunde Null begonnen. Der heilige Krieg für den Wiederaufbau war jetzt die dringlichste Aufgabe.

Politik der Öffnung

Das zweite Jahrzehnt der islamischen Revolution, so Rafsandjani, sei ein Jahrzehnt des Aufbaus und der wirtschaftlichen Unabhängigkeit. Auf dem Weg zur Rettung des Vaterlandes, zur fundamentalen Stärkung der Revolution und zur Herstellung wirklicher Unabhängigkeit müsse der Slogan nun lauten: höhere Produktion für eine wirtschaftliche Unabhängigkeit. Was Rafsandjani da forderte, kam einer Quadratur des Kreises gleich. Denn der wirtschaftliche Wiederaufbau konnte weder mit frommen Koransprüchen noch mit islamischer Prinzipienreiterei erreicht werden, sondern höchstens mit ausländischer Hilfe. Diesen Angeboten aber standen religiöse und verfassungsrechtliche Bedenken entgegen. Der iranische Innenminister Ali Akhbar Mohtashami, einer der führenden Repräsentanten des radikalen Lagers, formulierte sie: »Die westlichen Offerten für den Wiederaufbau sind neue Verschwörungen, die ausgeheckt wurden, um unsere Revolution von innen auszuhöhlen. Diejenigen, die von ausländischer Technologie und ausländischen Geldern reden, sind entweder dumm oder aber Söldner.« Allen war klar, wer damit gemeint war: Staatspräsident Khamenei und Parlamentspräsident Rafsandjani, die als Vertreter der konservativen Fraktion die Bedenken der religiösen Eiferer ignoriert hatten und statt dessen eine pragmatische Lösung anstrebten. Eine wirtschaftspolitische Öffnung gegenüber dem Westen und, als Voraussetzung dafür, eine diplomatische Großoffensive, die den Iran aus der jahrelangen internationalen Isolation herausführen sollte.

Damit war unmittelbar nach Beginn des Waffenstillstands der alte innenpolitische Machtkonflikt wieder aufgebrochen. Die Vertreter der reinen islamischen Lehre auf der einen, die konservativen Pragmatiker auf der anderen Seite. Zunächst setzten sich dabei die Konservativen um den Parlamentspräsidenten durch. Ayatollah Khomeini ließ sie gewähren. Auch er hatte erkannt, daß der wirtschaftliche Druck zu groß geworden war, daß er den Bestand der Revolution zu bedrohen begann. Ein Pakt mit dem kapitalistischen Teufel schien unabwendbar.

Es waren nicht allein die Folgen des Krieges, unter denen das Land zu leiden hatte. Mit einem jährlichen Zuwachs von fast vier Prozent erlebte der Iran zur gleichen Zeit eine wahre Bevölkerungsexplosion: Dreißig Millionen Iraner lebten bei Kriegsausbruch in der Islamischen Republik. Als der Waffenstillstand geschlossen wurde, waren es über 50 Millionen. Schon ein wirtschaftlicher Stillstand wäre da ein bitterer Rückschritt gewesen. Die hohen Kriegs- und Kriegsfolgekosten hatten die Staatskasse geleert, gleichzeitig ließen die seit 1986 drastisch gesunkenen Ölpreise auf dem Weltmarkt die Deviseneinnahmen spürbar weniger werden. Diese rückläufigen Einnahmen aus dem Ölgeschäft hatten voll auf die Wirtschaft durchgeschlagen. Investitionsgüter für den industriellen Bereich, Halbfertigprodukte, Rohstoffe, aber auch Nahrungsmittel müssen importiert werden. Wegen der absoluten Priorität der Kriegsaufwendungen mußte dieser Import drastisch gekürzt werden. Das betraf vor allem die Einfuhr von Investitionsgütern und Ersatzteilen für die zivile Wirtschaft. Deshalb ging die Produktion ganzer Industriezweige noch weiter zurück, in einzelnen Fällen mußte sie sogar ganz eingestellt werden. Ausstehende Reparaturen, mangelnde Wartung und der weitgehende Verzicht auf neue Investitionen haben die iranische Industrie völlig veralten lassen. So ist auch hier – neben den eigentlichen Kriegsschäden – der Nachholbedarf an Investitionen gewaltig. Zudem kann die Landwirtschaft die ständig wachsende Bevölkerung nicht mehr versorgen. Im Gegensatz zum Kriegsgegner Irak war die Islamische Republik nach dem Ende der Kämpfe zwar weitgehend schuldenfrei, doch ihre Devisenreserven waren aufgezehrt. Ohne ausländische Finanzhilfen ging in dieser Situation nichts mehr. Wie aber sollte die ein Land bekommen, das auf die eigene Rechtgläubigkeit pochend fast alle Brücken zum Ausland abgebrochen hatte? Das sich trotz einer hohen Zahlungsmoral bei einmal geschlossenen Verträgen insgesamt dennoch als unberechenbarer Partner erwiesen hatte?

Rafsandjani und mit ihm der damalige Staatspräsident Khamenei zogen aus dieser Situation als erste die Konsequenzen. Sie leiteten eine für den Gottesstaat atemberaubende wirtschafts- und außenpolitische Wende ein. »Die Welt möchte unseren Wiederaufbau sehen«, erklärte der damalige Staatspräsident und heutige Khomeini-Nachfolger Khamenei. »Unsere eigenen Ressourcen reichen nicht aus, wir brauchen ausländische Mittel, sowohl in technischer als auch in finanzieller Hinsicht.« Rafsandjani ging noch einen Schritt weiter: »Wir müssen aufhören, uns ständig Feinde zu machen. Bis jetzt haben wir mit unserer revolutionären Hektik Länder, die sonst neutral geblieben wären, ins Lager unserer Feinde getrieben.« Die Konsequenz, die Rafsandjani daraus zog: »Wir schütteln jedem die Hand, der darauf Wert legt. Wir sind ganz auf Frieden eingestellt.«

Mit einer außenpolitischen Neuorientierung sollten die Voraussetzungen für diese Nachkriegspolitik geschaffen werden. Der Iran startete eine diplomatische Großoffensive, die Scharfmacher und religiösen Eiferer waren damit in den Hintergrund gedrängt. Mißtrauisch beobachteten sie die Entwicklung, die für sie einem Verrat an den Zielen der Revolution gleichkam. Doch da Ayatollah Khomeini, der bereits resigniert in den ungeliebten Waffenstillstand eingewilligt hatte, auch zu der neuen Politik schwieg, hielten sich zunächst auch die Radikalen zurück. Sie verzichteten auf politischen Widerstand und begannen statt dessen, hinter den Kulissen zu intrigieren.

Mit Ausnahme der USA, die nach wie vor ein unverzichtbares Feindbild abgaben, wurde die Normalisierung der Beziehungen zu den anderen westlichen, vor allem den europäischen Staaten eingeleitet. Paris und Teheran tauschten plötzlich wieder Botschafter aus. Frankreich hob ein Verbot für Erdölimporte aus dem Iran auf, zugleich kamen – vermutlich unter dem Druck Teherans – französische Geiseln im Libanon frei. In Wien trafen sich iranische und britische Verhandlungsdelegationen, die eine Wiederaufnahme der gegenseitigen diplomatischen Beziehungen vereinbarten.

Mit der Bundesrepublik hatte der Iran bis dahin keine ernsthaften Schwierigkeiten gehabt. Sehr zum Mißvergnügen seiner westlichen Partner hatte Bundesaußenminister Hans Dietrich Genscher den Kontakt zu Teheran auch in den schwierigen Kriegsjahren nie abbrechen lassen. Die bundesdeutsche Wirtschaft war trotz aller revolutionären und kriegerischen Wirren im Iran präsent geblieben. Geschäftlich ging in dieser Zeit zwar nicht viel, aber man wollte den Fuß in der Tür haben, um später beim Wiederaufbau des Landes mit von der Partie zu sein. Bonn sicherte diesen Kurs der deutschen Wirtschaft politisch ab. Lange Jahre war die Bundesrepublik für den Iran so etwas wie das Tor zur Welt gewesen, hatte sie als einer der wenigen Ansprechpartner innerhalb des Westens gegolten. Als Hans Dietrich Genscher sich dann zum Ärger aller Bündnispartner auch noch zur Kriegsschuldfrage äußerte, indem er den Irak als Sündenbock dingfest machte, brach in Teheran fast schon so etwas wie eine Deutschland-Euphorie aus. In Bonn gaben sich iranische Delegationen gegenseitig die Klinke in die Hand.

Im Dezember 1988 war es dann auch der Bundesaußenminister, der – begleitet von einer hochrangigen deutschen Wirtschaftsdelegation – als erster Repräsentant des Westens nach dem Krieg dem Iran einen offiziellen Besuch abstattete. Genschers Kalkül war klar: Für ihn führte die vom übrigen Westen betriebene Isolationspolitik gegenüber dem Iran nur dazu, daß der radikale und aus westlicher Sicht unberechenbare Flügel der Fundamentalisten weiter Auftrieb erhielt. Mit seiner Politik der Öffnung hoffte er, die Gemäßigten im Iran, also die konservative Fraktion um Parlamentspräsident Rafsandjani und den damaligen Staatspräsidenten Khamenei stärken zu können. Diese Rechnung ging zunächst auch auf. Die Blütenträume der deutschen Wirtschaft reiften allerdings nicht sofort. Die Wirtschaftsmagnaten, die den Bundesaußenminister nach Teheran begleiteten, mußten dort feststellen, daß trotz des ungeheuren Investitionsbedarfs geschäftlich so schnell wohl nichts zu holen war. Der Iran spekulierte nämlich nicht nur darauf, ausländische Lieferanten für einen gemeinsam zu betreibenden Wiederaufbau zu finden, diese Lieferanten sollten nach Möglichkeit vielmehr auch noch die Finanzierung der gemeinsamen Projekte sicherstellen. Aus Teheraner Sicht verständlich, war doch aufgrund des machtpolitischen Patts die religiös belastete Diskussion über die Aufnahme von Auslandskrediten noch nicht abschließend entschieden. Den westlichen Unternehmen war angesichts dieser Situation das Risiko dann doch noch zu groß. Die für sie unberechenbaren Ausschläge in der iranischen Politik waren noch nicht vergessen. Zudem wollte man wissen, welches Wirtschaftssystem man da nun eigentlich unterstützte.

Die wirtschaftspolitischen Grundsatz- und Strukturfragen waren nämlich ebenfalls noch immer nicht entschieden. Marktwirtschaft oder zentrale Planwirtschaft – beide Möglichkeiten schienen nach wie vor denkbar. Die Rolle des Eigentums war ebenfalls nicht definiert worden. Die konservativen Rechtsgelehrten leiteten aus dem Koran die Auffassung ab, im Islam sei das Privateigentum unantastbar. Womit sie zugleich für eine freie Marktwirtschaft innerhalb eines islamischen Gottesstaates plädierten. Die Radikalen dagegen betonten die vom Koran geforderte soziale Gerechtigkeit, die ihrer Meinung nach ohne massive Eingriffe des Staates und damit ohne ein Zurückdrängen des privaten Sektors nicht zu erreichen war. Für ausländische Investoren sind all dies aber existenzielle Fragen. Die Bildung einer gemeinsamen Wirtschaftskommission wurde damals beschlossen, um einen Ausweg aus diesem Dilemma zu finden. Sie sollte Festlegungen treffen über den notwendigen Investitionsschutz, über die Rechtsstellung ausländischer Mitarbeiter im Iran, über die Möglichkeiten eines Kapitaltransfers und über vieles andere mehr. Doch dazu kam es nicht mehr, so, wie auch das zwischen dem Iran und der Bundesrepublik zur gleichen Zeit geschlossene Kulturabkommen Makulatur bleiben sollte. Ein Abkommen, das Bonn im Windschatten der iranischen Wirtschaftsprobleme durchgesetzt hatte und das zunächst zwar nur recht allgemeine Absichtserklärungen enthielt, gleichwohl aber in den Augen der Radikal-religiösen einem Revolutionsverrat, ja fast schon einer Gotteslästerung gleichkam.

Denn gerade die Abschottung gegenüber jedem westlichen Kultureinfluß, die Ausformung einer unverfälschten islamischen Identität war ihnen immer ein unverzichtbares Anliegen gewesen.

Die wirtschaftspolitische Neuorientierung und der Bruch mit der bisherigen auf Isolation ausgerichteten Außenpolitik überforderte die Revolutionsführung in Teheran offensichtlich. Die alten Ängste vor wirtschaftlicher Abhängigkeit vom Westen wurden wieder wach, auch die Furcht vor einer möglichen kulturellen Unterwanderung. Zumal sich innerhalb der Bevölkerung eine Strömung breitmachte, die man im Iran »liberale Tendenzen« nennt und die sich nach radikalem Verständnis gegen den Islam selbst richtet. Die strengen islamischen Verhaltensvorschriften wurden wieder lockerer genommen, bei vielen Frauen rutschte das Kopftuch vorsichtig nach hinten und gab den verbotenen Blick auf den Haaransatz frei. Hier und da war plötzlich wieder Musik zu hören, von den ganz und gar unislamischen Festen im reichen Norden Teherans wußte ohnehin jeder. Im Fernsehen wurden überraschend westliche Produktionen ausgestrahlt, den Höhepunkt bildete dabei die Übertragung eines Konzertes, bei dem ein gemischter Chor auftrat. Nach den entbehrungsreichen Kriegsjahren suchte vor allem die Stadtbevölkerung jetzt wieder ihr Freizeitvergnügen. Man schickte sich an, zur Alltagsnormalität zurückzukehren. Diese Entwicklung aber machte vor allem der radikalen Geistlichkeit Angst. Derart weltliche Vergnügungen und Verhaltensweisen brachten nach ihrem Verständnis die gesamte islamische Revolution in Gefahr. Zugleich entlarvten sie das Lager der Konservativen als Fehlgeleitete, die ihrer islamischen Rechtgläubigkeit und ihrer revolutionären Ernsthaftigkeit verlustig gegangen waren. Jetzt wurde deutlich, daß sich die Radikalen noch lange nicht geschlagen gegeben hatten. Es gelang ihnen, dem greisen Khomeini die angebliche Gefährdung der gesamten Revolution zu verdeutlichen. Der Ayatollah bangte daraufhin um sein Lebenswerk einer islamischen Gesellschaft, die ihm wichtiger war als jeder wirtschaftliche Fortschritt.

Mordbefehl gegen einen Schriftsteller

Mit einem wahren Paukenschlag beendete er die bisherige Nachkriegspolitik im Iran und brachte das Land wieder auf einen extrem fundamentalistischen Kurs. Er tat dies nach altbewährtem Muster. Sein Bannstrahl, den er gegen den indischbritischen Buchautor Salman Rushdie schickte, diente der innenpolitischen Radikalisierung. Der Autor der *Satanischen Verse* hatte damit unfreiwillig und auch eher zufällig jene Rolle übernommen, die erst die Besetzung der amerikanischen Botschaft in Teheran und später der Krieg mit dem Irak gespielt hatten. Die Scharfmacher und religiösen Eiferer waren in die Offensive gegangen, für die Konservativen brachen schwierige Zeiten an.

Der Mordauftrag kam von höchster Stelle. Ayatollah Khomeini persönlich hatte das Todesurteil gegen den britischen Autor verhängt. Seine *Satanischen Verse* seien gotteslästerlich und stellten eine Beleidigung für den Koran und den Propheten Mohammed dar. Sie seien damit auch eine unverzeihbare Beleidigung aller Moslems der Welt. Besonders beleidigt, so verbreitete die amtliche iranische Nachrichtenagentur IRNA fühlten sich die Moslems durch eine Traumsequenz in diesem Roman, in der der Prophet Mohammed als Bastard bezeichnet wird und Bilal, der erste islamische Muezzin, als ein großes schwarzes Monster. Gotteslästerlich sei es auch, daß mehrere Prostituierte nach den Frauen des Propheten benannt sind.

Ayatollah Khomeini verurteilte nicht nur den Autor und alle anderen an der Veröffentlichung des Buches Beteiligten zum Tode. Am 14. Februar ordnete er zusätzlich Rushdies Hinrichtung an: »Ich ersuche alle tapferen Moslems, ihn, gleich wo sie ihn finden, schnell zu töten, damit nie wieder jemand wagt, die Heiligen des Islam zu beleidigen. Jeder, der bei dem Versuch, Rushdie umzubringen, selbst ums Leben kommt, ist, so Gott will, ein Märtyrer.« Jeder, der den Autor des Buches finde, so der Ayatollah, aber selbst nicht die Kraft habe, ihn umzubringen, solle ihn dem Volk übergeben und ihn damit seiner gerechten Strafe zuführen.

Das kam einer Kriegserklärung an die zivilisierte Welt gleich. Der empörte Aufschrei blieb nicht aus, die gerade erst mühsam wieder zum Westen geknüpften Verbindungen wurden erneut gekappt, der Iran war wieder einmal weltweit isoliert. Die Reaktionen kamen für Teheran nicht überraschend, sie waren vielmehr genau kalkuliert. Denn eben darum ging es, im Zuge einer neuen islamischen Radikalisierung im Inneren mit der eigenen Nachkriegspolitik zu brechen und die für sie stehende konservative Fraktion im Ringen um die Nachfolge des Ayatollahs auszuschalten.

In einer Rundfunkrede hatte der greise Revolutionsführer die *Satanischen Verse* des Salman Rushdie als ein »Zeichen Gottes« dafür interpretiert, daß die pragmatische Politik des Iran, die Öffnung gegenüber dem Ausland, falsch gewesen war. Hier wird deutliche, daß die Blasphemie, die das Buch Rushdies innerhalb der moslemischen Welt zweifellos darstellt, nur als Mittel zum Zweck benutzt wurde. Daß es weder um literarische Interpretationen noch um die Definition des Verhältnisses zwischen Kunst und Islam oder um einen neuen Kulturkrieg zwischen der islamischen und der westlichen Welt ging, sondern allein darum, politische Kurskorrekturen mit einer vernebelnden Begleitmusik zu versehen.

Rückfall in den Fundamentalismus

In einer Grundsatzrede grenzte Ayatollah Khomeini den Iran erneut scharf gegenüber dem Westen ab. Dabei nutzte er die Gelegenheit, auch den Konservativen, den »Liberalen«, wie man sie im Iran beschimpfte, die politische Rechnung zu präsentieren. Unmißverständlich erklärte Khomeini: »Solange ich lebe, werde ich den Staat nicht in die Hände von Liberalen fallen lassen, werde ich es nicht dulden, daß Heuchelei dieses schutzlose Volk zerstört und, solange ich lebe, werde ich mich weder dem Osten noch dem Westen annähern; und vor allem werde ich niemals aufhören, die Handlanger der USA und der UdSSR aus allen Bereichen fernzuhalten.« Schließlich – so der Ayatollah – sei es dem Iran nicht umsonst gelungen, fast all seine Revolutionsparolen in die Tat umzusetzen. Der Schah sei gestürzt, der Ruf nach Freiheit und Unabhängigkeit erfüllt worden. Mit der Okkupation der amerikanischen Spionage- und Korruptionshöhle – gemeint war die US-Botschaft in Teheran – sei die Parole »Tod für Amerika« verwirklicht worden. An diesem Kurs müsse unerbittlich festgehalten werden. Wer annehme, daß im Iran Märtyrertod, Tapferkeit, Hingabe und Selbstaufopferung keine Werte mehr darstellten, nur weil man an der Kriegsfront nicht siegen konnte, der irre sich gewaltig. Schließlich setzte Khomeini zu einer Generalabrechnung mit all jenen an, die als islamisch-gemäßigt gelten und auf die sich alle Hoffnungen des Westens richteten: »Wer immer noch glaubt, wir müßten unsere Politik und unsere diplomatischen Prinzipien revidieren, wir seien unbeholfen und dürften die Fehler der Vergangenheit nicht wiederholen, muß umdenken. Wer annimmt, unsere massiven Parolen und der Krieg hätten dazu geführt, daß die Welt dem Iran gegenüber pessimistisch geworden sei, und meint, daß wir nur umdenken müßten, um den Respekt und die Sympathie der Weltmächte wiederzugewinnen – wer dies glaubt, der irrt. Nach der Veröffentlichung des blasphemischen Romans *Satanische Verse* hat sich ja die Arroganz und Barbarei der Welt unverhüllt gezeigt. Ihre wahre Natur und die seit langem bestehende Feindschaft gegenüber dem Islam trat deutlich zutage, so daß wir endlich aus unserer Naivität erwachen mußten.«

Mit dieser Erklärung war die radikale Umkehr des Iran vollzogen, das fundamentalistische Lager hatte überraschend gesiegt. Teheran bezog wieder seine alten verbissenen Positionen. Wirtschaftliche Erwägungen spielten keine Rolle mehr, erneut ging es in der Islamischen Republik ausschließlich um die Durchsetzung der reinen Lehre. Das radikale, fundamentalistische Lager jubelte, die Konservativen heulten aus Angst um das eigene politische Überleben mit den Wölfen. Parlamentspräsident Rafsandjani, dessen vorsichtig eingefädelte Politik der Öffnung durch Khomeinis Mordbefehl in einen Scherbenhaufen verwandelt worden war, erwies sich dabei wie gewohnt flexibel. Während andere noch darüber räsonierten, ob der politische Umbruch zugleich auch die Entmachtung Rafsandjanis einläuten würde, hatte der bereits seine neue Position gefunden: Bedingungslos stellte er sich hinter den Mordbefehl des Ayatollah und auch hinter die Aussetzung eines Kopfgeldes in Millionenhöhe. Lauter und radikaler als alle anderen verdammte er das Teufelswerk Rushdies und rief die islamische Welt auf, »dieser verräterischen und gottlosen Konspiration des Kolonialismus gegen den Islam zu begegnen«. Rafsandjani hatte erkannt, daß seine Politik der Öffnung zumindest im Moment nicht durchzuhalten war, daß er die neue Welle der Radikalisierung nicht aufhalten konnte, also schwamm er mit. Um bei seinem Marsch an die Spitze der Macht die Unterstützung Ayatollah Khomeinis nicht zu verlieren, gebärdete er sich nun als der Radikalste aller Radikalen. Was Rafsandjani wirklich denkt, welche Position er eigentlich vertritt, wird man erst erkennen können, wenn er eines Tages tatsächlich der starke Mann im Lande sein sollte. Bis dahin muß man weiter mit allem rechnen. Dem Westen wurde dabei wieder einmal vor Augen geführt, daß bei den Mullahs taktieren nichts bringt. Daß der Iran erst dann wieder ein Verhandlungspartner sein kann, wenn der Machtkampf im Inneren wirklich entschieden ist. Und das auch nur, wenn die pragmatischen Konservativen diese Auseinandersetzung gewinnen.

Der Nachfolger, der keiner war

Nur einer heulte nicht mit den Wölfen, legte öffentlich Protest ein: Ayatollah Hussein Ali Montazeri, ein islamischer Schriftgelehrter, geboren in Nadjafabad nahe der Stadt Isfahan. Ein Geistlicher, der im Iran als Mann mit frommem Herzen und schlichtem Gemüt galt. 1985 hatte ihn eine islamische Expertenversammlung von achtzig ausgesuchten Theologen zum Nachfolger Ayatollah Khomeinis gewählt. 1963 war Montazeri zum ersten Mal politisch in Erscheinung getreten. An der Seite Khomeinis hatte er damals gegen die »weiße Revolution« des Schahs gekämpft. Während dieser Widerstand den späteren Revolutionsführer in ein fünfzehnjähriges Exil trieb, mußte Montazeri mehrere Jahre Folterhaft im Iran erdulden. Nach der Revolution betätigte sich Ayatollah Montazeri als islamischer Gelehrter, der vor allem wegen seines theologischen Scharfsinns von Khomeini ausgesprochen geschätzt wurde. Aus den inneriranischen Fraktionskämpfen um die Macht im Lande hielt er sich völlig heraus. Vielleicht war die Expertenversammlung deshalb bei der Suche eines Nachfolgers für Khomeini auf ihn verfallen. In religiösen Kreisen wurde Montazeri als Gallionsfigur betrachtet. Und für die Politiker war er zu schwach, um gefährlich werden zu können.

Ayatollah Khomeini war gleichwohl nicht glücklich mit der Wahl seines Nachfolgers. Er hätte die in der Verfassung vorgesehene Alternative einer kollektiven Führung bevorzugt. Damit hätte sich die Möglichkeit geboten, die widerstreitenden Gruppierungen in dieses Gremium zu integrieren, den nachrevolutionären Kampf zu institutionalisieren und so die Machtfrage weiter offenzuhalten. Doch die Regligionsexperten hatten anders entschieden. Der Ayatollah akzeptierte das. Sehr viel später schrieb er in einem Brief an Montazeri: »Ich war wie Sie selbst ja auch gegen Ihre Wahl, aber ich wollte die Entscheidung der Religionsexperten respektieren und mich nicht einmischen.«

Vier Jahre lang war Ayatollah Montazeri der designierte Nachfolger Khomeinis gewesen, dann wurde er gestürzt. Der greise Imam hatte selbst den letzten Schlag gegen seinen Nachfolger geführt. Es sollte die letzte politische Weichenstellung vor seinem Tod sein. Montazeri hatte sich schon während der letzten Kriegsjahre als Zweifler dargestellt, als ein Geistlicher, den nicht nur die Politik im Inneren bekümmerte, sondern auch die Außenwirkung – das Bild, das die Welt von der Islamischen Republik Iran zeichnete. Nach dem Verständnis des Imam war Montazeri damit freilich vom rechten Pfad der islamischen Tugend abgewichen, hatte er es an revolutionärer Standfestigkeit fehlen lassen. Khomeinis Sohn Ahmed machte es später publik: Immer wieder habe sein Vater Montazeri signalisiert, daß ihn »Geschichte nicht interessierte, daß er sich ausschließlich gemäß seinen religiösen Pflichten verhalten wollte«. Eine für Khomeini charakteristische Feststellung, die zugleich den Vorwurf enthielt, daß Ayatollah Montazeri mit seinen Zweifeln und Mahnungen genau dies unterlassen hatte.

Als nach dem Krieg erneut eine grauenhafte Hinrichtungswelle in Gang gesetzt wurde, der Tausende von Jugendlichen zum Opfer fielen, und als das Regime sich in Selbstgerechtigkeit sonnte, anstatt die Fehler der Kriegsführung zu analysieren, wollte Ayatollah Montazeri nicht länger schweigen. Hart fiel seine Kritik aus, weder vom Inhalt noch vom Ton her hatte man so etwas in den letzten Jahren im Iran gehört. Khomeinis gewählter Nachfolger gerierte sich dabei wie ein Oppositions-

Politisches Machtkalkül:
Rafsandjani taktierte sich wieder nach oben.

(dpa)

führer gegen die eigene Sache, er war zum islamischen Dissidenten geworden. Anläßlich der Jubelfeiern zum zehnjährigen Bestehen der Revolution im Februar 1989 setzte er der euphorischen Bilanz der Machthaber seine nüchterne Einschätzung entgegen: »Nicht ein einziges Ziel der islamischen Revolution wurde verwirklicht.« Doch ließ er es mit dieser Attacke nicht bewenden. Unerbittlich prangerte er auch die neuerlichen Hinrichtungen im Iran an: »Wir werden kein einziges Problem dadurch lösen, daß wir unsere Gegner einsperren, foltern und hinrichten.« Was gegenwärtig in den Gefängnissen des Iran geschehe, so Montazeri, bewege sich am Rande des Völkermords. Kurz darauf trat Montazeri von seinem Amt zurück. Er kam damit einer Amtsenthebung durch Khomeini zuvor. Seitdem gehört er selbst zu den gefährdeten Personen. Noch am Tag seines Abgangs begann das Regime mit Säuberungsaktionen in seinem Umfeld. Von Montazeri eingesetzte Vorbeter bei den traditionellen Freitagsgebeten wurden zum Rücktritt gezwungen oder von radikalen Khomeini-Anhängern aus den Städten gejagt. Kurz darauf verloren siebzig Offiziere bei den Revolutionsgarden, rund zweihundert hohe Beamte in den Teheraner Ministerien und fünf Provinzgouverneure ihre Posten. Sie alle hatten Montazeri nahegestanden.

»Das Amt des Imam stellt eine große Verantwortung dar, die mehr Qualitäten verlangt, als Sie jemals erreichen können«, hatte Khomeini seinem ehemaligen Nachfolger geschrieben. Nicht die theologischen Fähigkeiten Montazeris wurden dabei in Frage gestellt. Vermißt wurde vielmehr ein revolutionärer, auch über Leichen gehender Eifer. Noch vor Khomeinis internationaler Mordkampagne gegen den Schriftsteller Salman Rushdie hatte Ayatollah Montazeri seinen Glaubensbrüdern Starrsinn und Verlogenheit vorgeworfen. »Wir haben Parolen gerufen und die Welt verschreckt. Die Menschen mußten glauben, daß es unsere einzige Aufgabe im Iran ist, zu töten. Man kann das Volk unwissend und in Unkenntnis belassen. Man kann aber auch die eigenen Fehler zugeben und die iranischen Kräfte innerhalb und außerhalb der Republik um ihre Mithilfe beim Wiederaufbau des Landes bitten.« Die Aufforderung, eigene Fehler zu bekennen, bezog sich auf den iranisch-irakischen Krieg. Zuvor hatte Montazeri die Revolutionsführung bereits aufgefordert, all die gefallenen Soldaten zu zählen und die im Krieg zerstörten Städte. »Wenn wir uns dann über unsere Fehler klargeworden sind, sollten wir sie bereuen. Ebenso sollten wir auch unsere vielen sozialen und politischen Mißgriffe beklagen. Eine Sünde eingestehen bedeutet, sie zu bereuen. Und es ist ein Muß, unsere Fehler voreinander offenzulegen.«

Diese Selbstkritik ging dem greisen Revolutionsführer entschieden zu weit. Als Montazeri gar noch Khomeinis zehnjährige Herrschaft im Iran als eine Phase der Täuschung und des Betrugs bezeichnete, war das Maß voll. Zwar dürfte auch dem Imam klar gewesen sein, daß Montazeri mit seinem Urteil innerhalb des schiitischen Klerus nicht allein stand. Aber er war der einzige, der das Gedachte auch laut aussprach. Daraus mußte er die Konsequenzen ziehen: »Unter den gegebenen Umständen verzichte ich auf die Übernahme der geistig-politischen Führung des Landes«, erklärte Montazeri in seinem Rücktrittsschreiben. Ab da war die Nachfolge für Ayatollah Khomeini bis zu dessen Tod wieder völlig offen.

Letzlich hat sich Ayatollah Montazeri selbst um seine politische Zukunft geredet, dabei mitgeholfen haben aber auch noch andere: Staatspräsident Khamenei, der nach dem Tod Khomeinis tatsächlich zu dessen Nachfolger gewählt wurde, und Parlamentspräsident Rafsandjani, der mit seiner Poltik der Öffnung in Schwierigkeiten geraten war und deshalb dringend von seiner eigenen Person ablenken mußte. Mit Ayatollah Montazeri hatte der gwiefte Taktiker Rafsandjani den geeigneten Buh-Mann gefunden, weil er durch dessen Sturz gleich zwei Fliegen mit einer Klappe schlagen konnte. Der Wirbel rund um den Rücktritt überdeckte Rafsandjanis eigene politische Schwierigkeit, zugleich konnte er sich eines Mannes entledigen, der ihm zwar politisch nahestand, ihn aber auch auf dem Weg zur Macht behinderte. Denn auf eine direkte Nachfolge des Ayatollahs als oberster religiöser und politischer Führer konnte sich Rafsandjani, selbst Theologe von niederem Rang, keine Hoffnungen machen. Ein alleiniger, zudem noch frühzeitig ernannter und mit Khomeinis Segen versehener

Nachfolger hätte Rafsandjani politisch gefährlich werden können. Also mußte er aus dem Weg geräumt werden. Dies sind mehr als nur Vermutungen: Im Vorfeld von Khomeinis Entscheidung, seinen designierten Nachfolger abzusetzen, hatte sich vor allem das iranische Staatsfernsehen zum Wortführer der Kritik an Montazeri gemacht. Kaum ein Tag verging, da via Bildschirm nicht Zweifel an der Eignung des designierten Khomeini-Nachfolgers ausgestreut wurden. Der konnte sich nicht einmal dagegen wehren. Seine Stellungnahmen wurden vom Staatsfernsehen gnadenlos zensiert. Lautstark hatte er sich darüber beklagt: »Wenn meine Meinung als theologischer Sympathisant der Revolution schon nicht zu Gehör gebracht wird, wie leicht können dann die Stimmen der anderen unterdrückt werden.« Genutzt hat ihm all das nichts. Denn der allmächtige Chef des Staatsfernsehens war und ist kein anderer als der Bruder von Parlamentspräsident Rafsandjani.

Er selbst wollte es nicht bei diesem Ablenkungsmanöver bewenden lassen. Er sicherte sich politisch zusätzlich durch eine radikale Offensive ab. Mit großem Propagandaaufwand entlarvte er mehrere, bis heute nicht näher bekannte amerikanische Spionageringe im Iran. Damit reihte er sich in die vorderste Front der heiligen Kämpfer gegen die verhaßten USA ein. Er wollte auf diese Weise all jene Lügen strafen, die ihm in der jüngsten Vergangenheit die Bereitschaft zur Normalisierung der Beziehungen mit Washington unterstellt hatten. Auch die Bundesrepublik mußte bei diesem Konzept als Prügelknabe herhalten. Schließlich war es Rafsandjani gewesen, der sowohl dem Besuch des Bundesaußenministers Anfang Dezember 1988 in Teheran zugestimmt als auch ein Kulturabkommen mit der BRD unterzeichnet hatte. Gekonnt entfernte er auch diesen Fleck auf seiner weißen Revolutionsweste. Bonn habe – so empörte er sich nun – den Kriegsgegner Irak mit Grundmaterialien für seine Mittelstreckenraketen versorgt und ihm die Anlagen zur Herstellung chemischer Kampfstoffe geliefert. Damit nicht genug: Die Bundesrepublik sitze auch zusammen mit Washington im gleichen Spionagenest. Die bundesdeutschen Botschaften in Europa würden eng mit dem amerikanischen Geheimdienst CIA zusammenarbeiten. Dies hätten Dokumente gezeigt, die man bei den ausgehobenen amerikanischen Spionageringen gefunden habe. Schließlich machte sich Rafsandjani in einem Freitagsgebet auf dem Campus der Teheraner Universität auch noch zum blindwütigen Fürsprecher der im Iran besonders aufmerksam verfolgten palästinensischen Sache: »Würden für jeden Palästinenser, der in seiner Heimat den Märtyrertod stirbt, von seinen Landsleuten fünf Amerikaner, Briten oder Franzosen getötet, würden es die Zionisten nicht wagen, mit ihren Untaten fortzufahren.« Die empörte Reaktion des Auslandes wiegelte Rafsandjani mit dem Hinweis ab, daß er bei seiner Erklärung falsch verstanden worden sei. Der Auftritt selbst aber hatte im Iran seine politische Funktion bereits erfüllt. Rafsandjani hatte sich vom Ruf befreit, ein gemäßigter, kompromißbereiter Politiker zu sein, dem der Ausgleich mit dem Ausland wichtiger ist als die eigene revolutionäre Überzeugung. Ayatollah Khomeini mag an den Sinneswandel seines Parlamentspräsidenten geglaubt haben. Vielleicht aber fehlte ihm kurz vor seinem Tod auch nur die Kraft, noch einmal politisch einzugreifen. Gesagt jedenfalls hat er nichts mehr – Rafsandjani hatte damit auch die vorerst letzte Säuberungswelle innerhalb der Revolution politisch überlebt.

Der Tod des Ayatollah

Wie alt Khomeini tatsächich war, als er starb, ist nicht bekannt. Die offiziellen Angaben schwanken zwischen 86 und 89 Jahren. Man wußte im Iran freilich, daß Khomeini ein schwerkranker Mann war. Elf Tage vor seinem Tod hatte er sich noch einer Darmoperation unterzogen. Die Operation wurde im staatlichen Fernsehen übertragen. Deshalb war niemand wirklich überrascht, als am 11. Juni 1989 sein Tod gemeldet wurde. »Der Imam, eine Fackel, die den Pfad der iranischen Nation erleuchtet hat, ist zu Gott dem Allmächtigen zurückgekehrt«, hieß es in einer Erkärung des Kabinettsmitglieder.

Danach spielten sich unbeschreibliche Szenen auf den Straßen Teherans ab. Millionen Menschen strömten in die Hauptstadt, trauerten um ihr Revolutionsidol. Frauen schluchzten,

Männer schlugen sich auf Kopf und Brust, um den seelischen Schmerz auch körperlich zu spüren. Zu Beginn der dreitägigen Trauerfeierlichkeiten wurde der Leichnam Khomeinis in einem klimatisierten Glassarg vor der Mosalla-Moschee auf dem großen Gebetsplatz im Norden Teherans aufgebahrt. Die religiöse und politische Spitze der Islamischen Republik erwies dem toten Revolutionsführer ebenso die letzte Ehre wie Millionen einfacher Bürger, die am Sarg vorbeidefilierten. Aufgewühlt von religiösen Leidenschaften brach in der Trauergemeinde eine Massenhysterie aus, bei der zahlreiche Menschen zu Tode getrampelt und nach offiziellen Angaben 11 000 verletzt wurden.

Der erste Versuch, den verstorbenen Imam auf den zwanzig Kilometer südlich der Hauptstadt gelegenen Märtyrerfriedhof zu überführen, scheiterte. Das Fahrzeug mit dem Sarg des Ayatollah blieb im Menschengewühl der Innenstadt stecken. Trauernde bemächtigten sich des weißen Leichentuches, das für die Gläubigen gottgesegnet ist, und rissen es in Stücke. Dabei legten sie den Körper des Verstorbenen frei, selbst die letzten Operationswunden Khomeinis wurden auf diese Weise via Fernsehen dem Volk noch einmal hautnah vorgeführt. Die Hysterie der trauernden Menge war nicht mehr kontrollierbar. Der Turban, den man dem Toten auf die Brust gelegt hatte, rollte in die Menge. Der Leichnam fiel unter dem Ansturm der Massen aus dem Sarg. Da entschlossen sich die Verantwortlichen, die Trauerprozession abzubrechen, mit der Khomeini zu seiner letzten Ruhestätte geleitet werden sollte. »Unter den derzeitigen Umständen ist es absolut unmöglich, den reinen und duftenden Körper des Imam zu beerdigen«, meldete das Fernsehen. Per Hubschrauber wurde der tote Revolutionsführer zuerst aus der Innenstadt und am Tag darauf dann endgültig auf den Friedhof gebracht. Die Szene erinnerte an die triumphale Rückkehr des siegreichen Revolutionsführers aus dem Exil: Auch damals blieb der Wagen in der begeistert jubelnden Menge stecken, mußte der Ayatollah per Hubschrauber herausgeholt und zu seiner ersten Rede auf jenen Friedhof geflogen werden, auf dem er jetzt in einem Grab beigesetzt wurde, das der heiligen Kaaba in Mekka nachempfunden ist. Reza

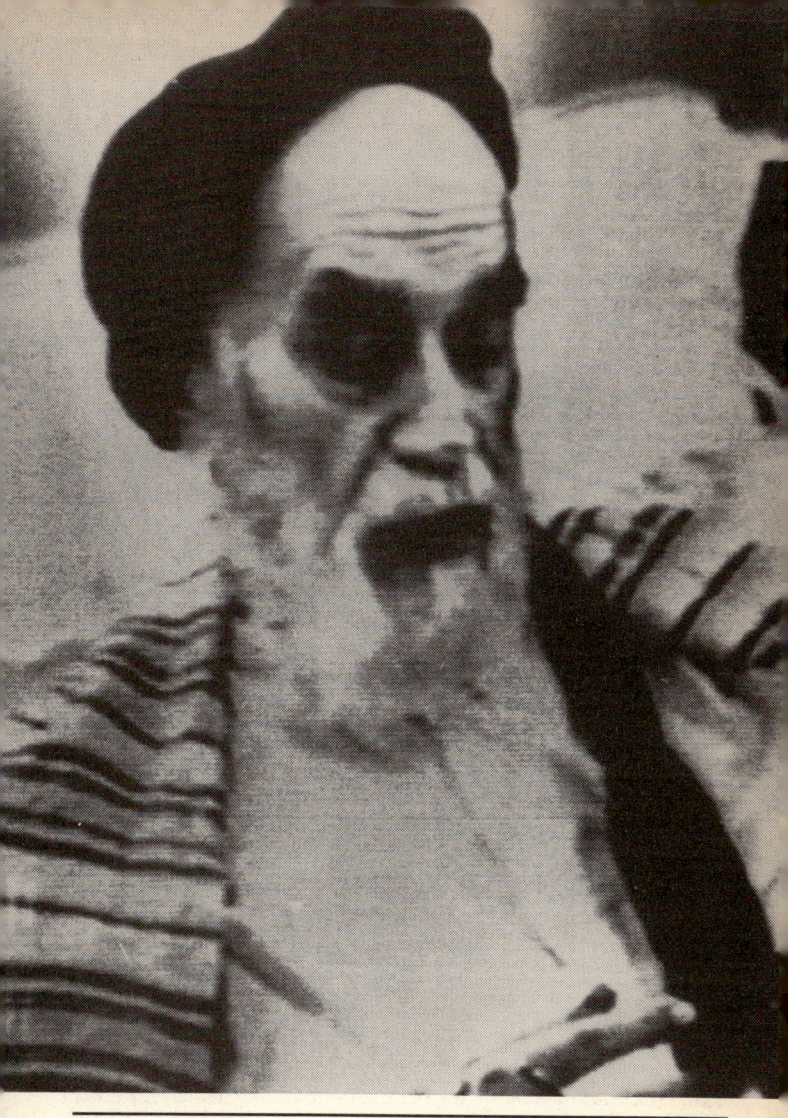

4. Juni 1989:
Der iranische Revolutionsführer auf dem
Sterbebett.

(dpa)

Pahlawi, der Sohn des letzten Schahs, kommentierte in seinem Exil den Tod Khomeinis. Nach dessen Ableben sei nun auch die Islamische Republik tot, resümierte er. Der Schah-Sohn war sicher nicht der einzige, der den Bestand dieser Republik allein mit einem Mann verknüpft, mit Ayatollah Ruhollah Khomeini. Doch diese Einschätzung ist falsch. Die revolutionären Machtstrukturen, die während der zehnjährigen Herrschaft des Ayatollah im Iran aufgebaut wurden, sind stabil genug, um noch geraume Zeit zu überdauern. Das islamische Lager ist zwar gespalten, die eigentliche Auseinandersetzung steht erst noch bevor. Doch die Entscheidung wird sich, gleichgültig, wer diesen Machtkampf am Ende gewinnt, innerhalb der Systemgrenzen der Islamischen Republik bewegen. Die Wirtschafts- und Sozialordnung steht dabei zur Debatte, nicht aber die gesellschaftliche Ausrichtung: die ist islamisch und wird es bis auf weiteres auch bleiben.

Das von vielen gefürchtete, unkalkulierbare Machtvakuum nach dem Tod des Ayatollah hat es jedenfalls erst einmal nicht gegeben. Noch am Tag der Todesnachricht wählte die Expertenversammlung der Religionsgelehrten – der sogenannte Rat der Weisen – mit überwältigender Mehrheit einen Nachfolger, den bisherigen Staatspräsidenten Said Ali Khamenei. Ein Geistlicher, der bis zu seiner Ernennung allerdings nur den Rang eines Hodjatul-e-Islam bekleidete und damit eine Stufe unter dem Ayatollah angesiedelt war.

Seit seiner Wahl zum Nachfolger des Imam wird er in den staatlichen kontrollierten Massenmedien des Landes als Ayatollah bezeichnet. Der Titel allein vermittelt ihm freilich noch nicht die notwendige geistige Autorität, die er als religiöser Führer des Landes braucht. Khameneis Wahl ist eine Kompromißlösung. Man wollte kein politisches Vakuum entstehen lassen, wollte und konnte aber durch die Ernennung von Khomeinis Nachfolger auch den lange schwelenden Machtkampf nicht entscheiden. Ali Khamenei als oberster Gottesgelehrter kann daher nur eine Übergangslösung sein. Protokollarisch war er als Staatspräsident auch schon zu Lebzeiten Khomeinis der zweite Mann der Republik, politisch freilich stand er immer im Schatten des Parlamentspräsidenten Rafsandjani. Den

Ayatollah Khamenei:
Der Nachfolger: Ali Khamenei.

»lebenden Märtyrer« nennt man Khamenei im Iran, nachdem er 1981 einen Bombenanschlag der Mudjahedin überlebt hat. Seit dieser Zeit ist sein einer Arm gelähmt. Wie Rafsandjani, will auch Khamenei eine vorsichtige Öffnung gegenüber dem Ausland, in der wirtschaftspolitischen Diskussion steht er den Großgrundbesitzern und Basarhändlern noch etwas näher als der Parlamentspräsident. Der nahm die Ernennung seines politischen Weggefährten und Konkurrenten gelassen hin. Er weiß, daß mit der noch von Khomeini angeordneten Verfassungsänderung die politische und religiöse Macht im Staate getrennt werden. Bei den Wahlen zum Staatspräsidenten ist Rafsandjani der einzige Kandidat – geschieht nichts völlig Unvorhersehbares, dann wird er in Zukunft die Geschicke der Islamischen Republik bestimmen. Ruhiger, im westlichen Sinne berechenbarer werden die Verhältnisse im Iran dadurch freilich nicht. Weil der ausgefuchste Taktiker Rafsandjani für jede Überraschung gut ist, weil der Machtkampf innerhalb der Revolutionsbewegung noch nicht ausgetragen ist und weil mit Khomeini nun der Mann fehlt, der kraft seiner Autorität die Spielregeln für diese Entscheidung festlegen konnte.

Ayatollah Ruhollah Khomeini hat wie kein anderer in diesem Jahrhundert eine religiöse Idee in die politische Wirklichkeit umgesetzt. Angesichts der zahllosen Schwierigkeiten, mit denen er in seinem Lande konfrontiert war, hat Khomeini einmal gesagt: »Unser großer Kampf ist der Kampf zwischen unserem Verstand und unseren Wünschen. Unser kleiner Kampf ist der gegen die Großmächte.« Eine Aussage, die zur politischen Bilanz seines Lebenswerkes paßt: »Weder Ost noch West, sondern Islamische Republik«, hatte sein Credo gelautet. Diese Republik hat ohne Rücksicht auf die damit verbundenen inneren Schwierigkeiten ihre Abhängigkeit vom Osten wie vom Westen abgeschüttelt. Die mit der Revolution verknüpften politischen Ziele wurden freilich nicht erreicht. An eine gleichgewichtige, den Bedürfnissen der Bevölkerung verpflichtete volkswirtschaftliche Entwicklung ist nicht zu denken, ebenso wenig an einen Ausbau der unter dem Schah sträflich vernachlässigten Infrastruktur. Die Barfüßigen, mit denen und für die Ayatollah Khomeini seine Revolution durchgeführt hat, ver-

Iranische Revolution:
Welchen Weg nimmt sie ohne ihren »Hüter«?

(Ullstein)

fügen heute über ein neues Selbstwertgefühl, eine eigene islamische Identität. Das ist zwar nicht wenig, auf Dauer aber kaum genug. Ihre wirtschaftliche Situation ist heute ebenso bitter wie zur Zeit des Schahs. Auch eine neue Ölpolitik konnte nicht durchgesetzt werden. Die Ölförderung orientiert sich heute nicht – wie einst von den Revolutionären gefordert – an den volkswirtschaftlichen Bedürfnissen des Landes, sondern ausschließlich daran, was angesichts des gesunkenen Produktionsniveaus technisch überhaupt noch gefördert werden kann. Die Rüstungsausgaben drastisch zu reduzieren und die Petrodollar statt dessen für die Entwicklung der zivilen Wirtschaft zu verwenden, ist ebenfalls nicht geglückt. Im Gegenteil: Der achtjährige Krieg mit dem Irak und die dabei erlittenen militärischen Verluste haben die Rüstungsausgaben heute noch höher geschraubt als während der Schah-Zeit. Es ist fast schon eine politische Ironie des Schicksals: Die nachrevolutionäre Entwicklung im Iran zwang die Mullahs und Ayatollahs am Ende genau jene Politik zu betreiben, zu deren Überwindung sie einst angetreten waren. Der von den Iranern stark verehrte Ayatollah Taleghani, der – von langen Jahren der Folterhaft gezeichnet – kurz nach der Revolution starb, hat über Khomeini einmal gesagt: »Er ist dort ein Genie, wo es zu zerstören gilt, und er ist dort ein Narr, wo es etwas aufzubauen gilt.« Die bisherige Bilanz der Revolution und der Islamischen Republik scheint ihm Recht zu geben. Ganz glücklich mit dem Erreichten scheint auch Khomeini selbst nicht gewesen zu sein. Anders sind seine einst vor Parlamentsabgeordneten formulierten Selbstzweifel kaum zu verstehen: »Ich fürchte, und diese Furcht beunruhigt mich oft, daß die Menschen, die für uns kämpfen, ins Paradies kommen, wir aber in die Hölle.«

Hoffnung und Enttäuschung, revolutionäre Euphorie und ohnmächtige Wut, die Illusion der Freiheit und das tägliche Erleiden einer neuen Diktatur – dies alles gleichermaßen zu repräsentieren, war die Tragik des Revolutionsführers Ayatollah Ruhollah Khomeini.

Register